熱戀林百貨・熱戀臺南

以林為圓心，最有溫度的府城時光漫步

王美霞——著
劉登和——攝影

感動推薦（按來稿先後排列）

啟動城市文創的經典範例

行政院長　賴清德

臺南是一座擁有深厚底蘊的城市，府城人長久以來的生活美感，滋養出多元的藝文環境，與豐富的文化地景。一九三二年開幕的林百貨，就是好幾代臺南人記憶中府城風華的象徵。當年林百貨被稱為「五棧樓」，是南臺灣第一家百貨公司，所設置的電梯也是在地建築的新創舉，更是老臺南人特有的回憶。啟用之初，就連戴著斗笠、穿著拖鞋的民眾，也要爭相前往林百貨店乘坐電梯，顯見當時的繁華盛況。

二次大戰後，林百貨建築曾先後做為製鹽總廠、空軍的附屬單位，及警察保安總隊等廳舍使用。閒置多年後，由臺南市政府自二〇一〇年開始整修，並委託專業經營團隊管理。二〇一四年林百貨重新開幕以來，到訪人次已超過五百萬人次，而林百貨各處的建築特徵，包括溝面磚、彩色地坪、電梯指針、頂樓（構內）神社，以及二次大戰期間所留下的彈痕等，都成為國內外遊客爭相捕捉的攝影焦點，其建築的外牆燈火，更成為今日臺南最具特色的夜景地標之一。林百貨起造至今已八十餘年，從懷舊到新生的轉變歷程中，承載許多故事、許多回憶。而《熱戀林百貨．熱戀臺南》一書的出版，就是將這些美好的故事，用最有溫度的文字串連起來，陪讀者一同走入臺南人悠長的記憶之中。

王美霞老師長期關懷臺南的城市人文，深耕在地文化，並親身參與臺南各種重要的文史活動，我非常感佩。這本書載錄了多年來有關林百貨的動人記事，燦爛而溫暖；更提醒我們，一座城市，除了硬體建設以外，更須具有文化底蘊，方能成就其偉大。林百貨不僅僅是老屋再生、啟動城市文創的經典範例，其豐碩飽滿的生命力，更將持續引領臺南的文化生活。

溫暖散步舊城的物店與人事

臺南市文化局長　葉澤山

猶記得市府與高青簽約當日，恰逢內人生子；雖因此未能親炙美霞老師現場「聽臺南、話府城」，而林百貨重返榮光的這一天，在我心中仍佔據極重要的位置。「既然以前就是百貨公司，何不活化成為文創百貨，恢復原有機能，重現臺南銀座呢？」自賴院長念動心起，四個年頭過去，林百貨迄今已有超過五百萬人次造訪。一幢古蹟如此受到珍惜，不僅對國人意義非凡，也代表臺南對文化充滿無比的熱情及想像力，映現出許許多多人的團結奮進。

熱情的鳳凰木如同蘭花，是臺南不可或缺的重要情感記憶之一。在府城過生活，美霞老師遍歷臺南的樣子，寫下南方六帖，細琢南方誌衷曲。這一次，就讓我們隨著美霞老師的步伐，從林百貨出發，溫暖散步舊城的物店與人事，驚喜看見府城的眾志奇蹟！

一扇從歷史看未來的窗

靳劉高創意策略創辦人、香港設計總會祕書長　劉小康

歷史和文化遺產是一座城市的靈魂，幫助人們呼喚著過去的時、地和人。座落於臺南市中心商業圈的一座五層樓高的建築物，林百貨的大門重新開啟，迎接絡繹不絕的客人，把當年首府臺南現代化伊始的光輝歲月重現眼前。

儘管滄海桑田，林百貨一直都是臺南市不變的地標。一個在臺南素有營運文創零售空間的企業承辦了新一代林百貨的營運，以三〇年代的集體回憶為本，也是林百貨最輝煌的年代，林百貨的品牌和形象重獲新生。相比以往將舶來品帶來臺灣的林百貨，新一代的林百貨把最優秀和最具啟發性的臺灣本土製造和在地取材產品介紹給全世界。顧客透過產品閱讀臺南，傾聽當地的掌故和小故事，新一代的林百貨，也是一扇從歷史看未來的窗。

與置於博物館和展覽的文物不同，在林百貨，普羅百姓都可以參與建構臺南的歷史和傳統。林百貨二〇一四年重新開幕的那一天，臺南的市民正一同見證了歷史的一刻。這是一個為民利民的文創平台，讓市民尊重文化，以及面向未來。

臺南最有魅力的地標

作家・臺南親善大使　一青妙

談起我和林百貨的初次邂逅是在二〇一三年，就在全館改裝的開幕前夕，大門依然緊閉著，但是這棟矗立在十字路口一角的五層樓建築物，有著獨樹一幟的存在感，不自覺地深深被它吸引住。

建於日本統治時代一九三二年的林百貨，在戰後曾遭到長期閒置，經歷八十二年的歲月，終於在二〇一四年重新開幕，以煥然一新的面孔和大家見面。現在成為臺南最有魅力的地標，更是觀光客必訪的熱門景點之一。林百貨以臺南的在地店家、臺南人的手作工藝等，專門販賣「臺南製造」的商品，充滿設計感的室內空間，瀰漫著濃濃的文藝氣息，每次造訪都有不同的感受。

以這樣的林百貨為主題寫成《熱戀林百貨．熱戀臺南》一書的王美霞老師，是一位住在臺南、熱愛臺南，並對臺南知之甚詳的女作家。她書寫的臺南是兼具深度和溫度的古城故事，是旅遊書裡面不曾被記載的。

原來是日本人建造的林百貨，在沉寂許久之後，經過臺灣人之手再度復活。透過本書，臺灣讀者可以了解到林百貨從誕生到今日的許多不為人知的故事，美霞老師以優雅細膩的筆觸，引領讀者一同爬梳這一段由繁榮趨於沒落又再度重生的過程。希望不久的將來，這本書也能夠被翻譯成日文，讓更多日本讀者認識林百貨的魅力。

自序

是哪處曾見？相看儼然

執筆為林百貨書寫，是很圓滿的因緣。

大學時學唱崑曲《牡丹亭．驚夢》，身段老師教柳夢梅這段「是哪處曾相見，相見儼然」時，是這樣描述的：「好的因緣，相逢乍喜，喜不勝言哪！」我是學旦角的，每回看著老師示範小生的做工，甩著水袖，又驚、又喜、又纏綿的表情，腦海裡就記下了人與人相遇契合的一幕。人生有幸，三生石上值得珍惜的是遠別重逢的愛，人是如此，物也一般。對於林百貨，我總是這樣想：合該我們有緣。

林百貨未開放前，我便與藝文界朋友在二樓空落落的空間裡籌辦「詩禮樂」茶席，那年，參與的是府城年輕的學子，他們十八歲，就讀高中三年級。茶席在初夏，當鳳凰花蕊綻滿枝頭時，學子便一一告別故鄉，幾年內，故鄉將成為射線那端，夜夜思念的夢，很多人也許從此落地他鄉，遠去異國，因此，就在他們提腳遠行之前，這次的茶席讓他們看到故鄉值得驕傲的建築——林百貨。我猶記得那些年輕的學子以驚歎的眼神審讀林百貨的窗櫺、廊柱與磨石子地板，多少年後，或許花開花落，人事已杳，但與林百貨相遇的茶席，終會在他們偶爾想起的青春映畫裡，與故鄉相逢。

之後，高青時尚入主林百貨，我因愛這棟建築，也相挺在地企業的擔當，於是，年年參與林百貨大大小小的活動，深入與高青團隊並肩作戰，許多的汗水與淚水，點滴在心頭。四年來，林百貨也沒有讓臺南人失望，一年比一年更茁壯，現今不僅獲得DFA亞洲最具影響力設計大獎的殊榮，也是國家產業創新獎得主，更成為府城地標，臺灣十大夜景之一。

凡走過必然留下痕跡，四年來的大小活動，是林百貨古蹟再生的能量，而書寫這本《熱戀林百貨．熱戀臺南》，就是記錄林百貨再開幕以來，以臺南人眾願所成的成果。全書由〈鳳凰花啊，多情的艷蕊〉寫入，這個象徵臺南精神的符碼——鳳凰花，標誌著林百貨是「臺南人的林百貨」，盛夏的鳳凰花滿城艷麗的景象，那是一股豐實、美麗的力量，枝頭飛揚的鳳凰花也賦予林百貨新生的意義。

感謝林百貨的重新開幕，讓許多人帶著父祖輩以及自己經歷的那些幾乎被遺忘的記憶，喚起我們重溫美好時光。因為這些故事，使得文字可以像一疋抒情的柔緞，攤讀著林百貨華麗轉身之後，窩在心中暖暖的溫度。書中那幾位記得舊情綿綿的瑣事與細節的長輩，彷彿勇敢穿越時間迴廊的健行者，把一個記憶的鍵結，套在我們的手心裡，然後，牽引我們到一個有愛、有盼望、有慈悲的年代裡。

在書中，我以「店」、「物」、「人」、「展」、「慶」、「旅」記錄林百貨四年來精彩的故事，一篇篇寫就，因為高青團隊太多的成果紀錄使得文字不斷爆版。在書中最後一段，我以「推手的愛」側寫林百貨團隊不為人知的甘苦談。採訪林百貨員工那段日子，聽他們說著這一路走來的故事，有人幾度哽咽，有人告訴我：「太艱苦了，所以不知從何處講起？」也有人說：「再一次，我還是選擇留在林百貨！」我永遠記得二〇一八年二月十六日，農曆戊戌年春節的大年初一，我還在林百貨訪談，沒有休假的員工們剛鬧完舞獅的活動，看著一群群意猶未盡的訪客，他們笑著說：「林百貨，就是我們的過年！」後台永遠是可敬的，因為他們成就了林百貨讓人喝采的圖騰與印記。

我很感謝在書寫過程中，一直給予協助的林百貨企劃副理曾芃茵，她真是一個超級無敵的能量電池，隨時供電，隨時備戰。舉凡數據、圖表、地圖、活動新聞稿，以及採訪人物的聯繫，幾乎都由她鉅細靡遺地張羅，書中千千萬萬的文字，是在她提供的沃土上，一字一句成書的，有芃茵，真好！陳慧姝總經理總是以溫柔的堅毅，給予鼓勵，再鼓勵，並且與我一起挺過書寫的難關。另外，好友張乃彰在日語越洋採訪及日文翻譯上給予莫大協助，真是搭心的知己啊！也特別感謝我的先生劉登和撥冗拍攝書中所需照片，蔡宗昇廳長以專業出手熱情相挺美照，還有多位好友協助搜尋並提供珍貴照片，眾力所成，方使本書盡善盡美。這本書更幸運的機緣，是由遠流出版團隊來完成，我記得交稿那日，主編祥琳給了我一行字：「老師，辛苦了，接下來我們忙就可以！」看到這則文字的擔當與用心，我知道，嘔心瀝血寫出來的文字，已經交付給一個對林百貨有愛，而且，對這本書看重與全成的編輯團隊了。

年輕時，我非常迷戀瓊．拜亞（Joan Baez），書寫林百貨這一年，扃居斗室，奮筆寫作，瓊．拜亞所唱的歌詞與旋律，如影隨形地與電腦裡不斷跳出的林百貨老照片、老故事相互呼應。幾近三百六十五天的日子，我籠在思慕微微的紗帳裡，晨興日落，帶著愛去檢視每一則讓我感動的故事，時時，心裡總是唱著：「The old home town looks the same as I step down from the train, And there to meet me is my mama and papa……」多好啊，輕觸那美好的記憶，一如碧草如茵的家園。因為，家在，一切在。林百貨彷彿臺南人的家，永遠守護一個美好的年代，等待我們歸來！

為什麼熱戀林百貨呢？因為林百貨驟然出現在我面前，已經是一代傳奇！正如瓊．拜亞的歌詞：「我們都知道，回憶能給我們帶來什麼，它們帶來了鑽石和鐵鏽。……是的，我深愛著你……我早已為此付出。」（〈Diamond and Rust〉）

感謝林百貨，挺過那些年歲，依然風華絕代，所以，令我們如此熱戀！

目錄

HAYASHI 的曼波六部曲

店

物

慶

旅

山崎達也 繪

ハヤシ百貨店
DEPT-STORE

楔子

鳳凰花啊，多情的艷蕊

在樓與樓間，與鳳凰花相遇

二〇一四年林百貨再開幕，掀起臺南城市美學劃時代的里程碑，許多故事、許多人文的景深，一一被喚醒、敘述。

過去，臺南許多街道是遍植鳳凰花的，一九二〇年代之後，中山路（昔稱大正町）自臺南火車站廣場往南，前行到湯德章紀念公園，約七百五十公尺長的路段，還有府前路、公園路兩側，皆種植鳳凰木。炎夏烈日鳳凰花綻開，艷紅的花蕊染紅了蔚藍的天際線，是當時臺南市的麗景。鳳凰花是臺南生活中不可或缺的文化、歷史與情感元素。

文學家葉石濤曾經說過：「臺南是一個適合人們作夢、幹活、戀愛、結婚、悠然過活的好地方。」熱愛臺南的葉老在文學中形容鳳凰花，是「猶如火燄般的紅花」；名畫家郭柏川、張炳堂、沈哲哉等人的畫作，也都有讓人驚心動魄的鳳凰花紅。臺南市立文化中心演藝廳帷幕，是名畫家蔡草如繪製的「雅樂和鳴，有鳳來儀」，繚繞的祥雲裡，彩鳳盤旋，綴滿象徵臺南的鳳凰花；即將興建的臺南市立美術館，也融入鳳凰花五角形造型的設計。

再開幕的林百貨，浴火重生躋身府城，自有開創格局的期許。「鳳凰花燦爛而溫暖，亮麗的紅橘有光明氣息，那份豐盛而飽和的生命，最能代表臺南的精神。」高青總經理陳慧姝如是說。因此，林百貨的設計圖騰以鳳凰花為主，定調了。在林百貨空間呈現著鳳凰花的元素，透過光線的折射，形成鳳凰花滿室的意象，處處可見的鳳凰花讓走在林百貨就像散步在臺南城市一般，花與人一起芬芳。許多拜訪臺南的人，可以當下就看見臺南。

為呈現迎賓的喜悅，林百貨每個樓層都制定主軸：一樓是客廳，歡迎大家來做客。林百貨做為一個主人，以充滿溫度的客廳款客，林百貨早期的展示櫃、六〇年代的電視、老式皮製沙發、骨董燈，還有在地的椪餅、伴手禮，招待風塵僕僕的訪客。

二樓是臺南鯤鯓的地形。文創商品的展櫃，設計成有一邊是鏡面，反射地磚，呈現六鯤鯓的結構。三樓是巷子，呈現臺南市街蜿蜒的線條。訪客的動線依循木造步道，款款走入臺南市井鬧市的感覺，街道兩旁的展櫃以服裝為主，那是臺南人逛布莊的習慣；蜿蜒其中的步道也像伸展台，每一位步行其中的訪客，都是時間的主角，行走在自己生命與城市的伸展台中。

四樓，是廣場的概念。廣場可以聚會、演講，所以搭配書店、咖啡店，人文四溢的氛圍，最適合聆聽一場場精湛的講座。

五樓早年是餐廳，規劃時便以好美味為主題，提供府城美食供訪客嚐鮮。為使環繞的動線拉長，五樓的樓梯向外推出，伸出迎接賓客的雨遮，可以循樓階而上，透過臺南的天際線盡覽六樓好風景，更多的流連，便有更多的深情。

在所有樓層中，最大量呈現鳳凰花元素是在三樓，透過蕾絲的紗緞質感，也顯現林百貨的華麗感。這種高貴，可以與當年的摩登風華相映。

裱上蕾絲的透明隔屏，邀請光線進入販賣空間。後方為牛眼窗。

大面積的窗景，讓城市街道也成為林百貨的風景之一。

光與鏡面的邀請

負責林百貨空間規劃案的設計師劉國滄說：「我是以一個百貨公司的型態再現古蹟的價值，去呈現林百貨的。」整體設計可以從功能、意象及創新的角度來看。

林百貨是一座古蹟，它的空間型態與現代百貨公司不同。現代百貨公司的布局是櫃體靠牆、高大，將光線擋住，讓大家把注意力放在產品上，是不需要看到外面的光線與街景的；但是，林百貨是以「邀請光線進入販賣空間」的概念出發。因此，設計時參考了舊時林百貨陳列的格局，注重光與空間的對話，讓處在林百貨內也能看見老建築的遺構。另外，利用穿透性的陳列櫃，讓光線進來，保留大面積的窗景，也讓街景一覽無遺，林百貨的空間便與城市串連起來了。

為了滿足現代百貨公司的布局與坪效經驗，各樓層都是讓高密度的陳列往實牆去靠，主題區的部分則壓低量體，增加它的穿透性。二樓平台整個是開闊的，即使需要使用隔屏，也是裱上蕾絲的玻璃透明隔屏。

徐裕健設計師團隊修復古蹟後留下來的功能元件，如空調、水電配管等，是不能再更動的，如何使這些整修後的元件看不見，是第二個難題。因此，在設計上使用了大量的鏡面，並設計一體成型的出風口櫃，與突出的壁體收在一起，用紗帘、布等遮幔產生飄逸的氛圍，天花板的部分則刻意露出原來建築的質感。

五樓增建了廁所和廚房，卻不能有侵入性的破壞，又要求穩固，因此採取加掛式的設計。為使廁所是消失的，就利用鏡面反射中庭的建築表情，與林百貨強調水平線條形成一致的風格。現今，有鏡面的各樓層，以及五樓廁所前的鏡面牆，鏡面反射出林百貨的面貌，都是自拍族的最愛。訪客攝取與林百貨站在一起的畫面，總是驚喜連連。

②|①

① 鏡面的設計，搭配天花板的壁面質感，既現代又古樸。
② 利用鏡面，反射中庭的建築表情。

我在、林百貨在、臺南也在

當林百貨再度重現風華時，所思考的不僅是過去精彩的傳承，也是當下競爭力與創造未來的可能。未來都是我們創造的，所以，未來會變成什麼樣子，是當代人的責任。讓未來有什麼？城市的模樣為何？什麼是我們生活中的百貨公司？什麼叫做文創？這都是林百貨團隊著力的目標。以珍惜傳統為出發，跳脫了舊時代的軀殼，回到人的身上，呈現共同記憶。

透過雅俗共賞的鳳凰花，在公共空間裡，把地方文化、市民的共同經驗、幸福的感動得以延續，這是林百貨的身段與努力。

劉國滄形容鳳凰花說：「鳳凰花很美，而且有活力，我想像林百貨應該像一個珠寶盒被打開來，而珍貴的首飾盒打開時，會有光出來，就像鳳凰花在陽光下很有精神的樣子，很能牽動我們對於林百貨再生的期待。」對於大部分臺南人來說，鳳凰花經驗是在艷陽下的，很精神、很奮力，充滿在地的韌性，就像樸實、低調、勤奮的臺南庶民。

目前，臺灣還沒有一個百貨公司的空間設計是讓光進來的，林百貨有了首例的前瞻性，也因為這點的堅持，使得林百貨這棟古蹟做為百貨公司，是唯一的成功例子。百貨公司原來的性格就是可以讓人更親近的，邀請更多參與的。她是一座活潑度很高的古蹟，這就是林百貨的創造。

林百貨成為藝術創作，證明了古蹟結合商業，並不會與文化對立。走入林百貨，站在懷舊的空間裡，身邊圍繞著現代化的文創商品；把視野往前看，這些文創商品是陳列在古蹟的歷史空間中；再把視野更往前看，透過窗戶，那是臺南城市的肌理謦欬。然後，透過鏡面，你看到自己，在林百貨裡、在臺南裡，而且，美麗的鳳凰花栩栩如生地周旋其間，像展翅的蝴蝶，飛入你的喜悅裡，彷彿為生命的幸福加冕。

透過林百貨，訪客帶走臺南深厚文化底蘊的記憶。

鳳凰花的愛

本段文字根據鳳凰花會會長楊淑芬所提供資料改寫

鳳凰木（Delonix regia），豆科植物，原產於非洲馬達加斯加島。引入臺灣的歷程，根據日本人記錄：一八九六至一八九八年，外國人寄贈少量鳳凰木種子，日本駐孟買領事館購買一千八百四十三粒種子；一八九六年，曾於臺灣總督府新設置的臺北苗圃（臺北植物園）進行鳳凰木扦插繁殖研究；一八九八年，福羽逸人從東京新宿植物御苑寄贈三百粒種子；一九〇三年二月，柳本通義委請法國人在爪哇的茂物植物園採集、寄來種子一批。一九〇四年還有引種記錄，之後，恆春熱帶植物殖育場自行生產提供，臺南嘉義一帶年年有種子收穫，不必再仰賴國外進口。

臺灣最早的鳳凰木標本，是由英國醫生 Augustine Henry 在安平採集到的，收錄在《臺灣植物目錄》（*A List of Plants from Formosa*）裡。這本書總共記載一千三百四十七種植物，是臺灣最早也是最有系統的植物著作，在一八九六年於東京發表。

鳳凰花與臺南市民生活經驗的結合其來久遠，《臺南市讀本》曾經這麼寫著：「走出臺南驛，目光就被大正町上的行道樹所吸引。初夏之際，有如穿著緋色衣裳的鳳凰木行道樹，花正盛開的季節，這裡恐怕是臺灣第一美的行道樹了。從大正町一直延續到大正公園（今湯德章紀念公園），柔軟的綠葉，像鳳凰展翼，緋色的花形像鳳凰一般高雅脫俗，因此以鳳凰為樹名，實至名歸！」

目前，以「鳳凰」為名的臺南市文化團體有：鳳凰城文史協會、鳳凰木關懷協會、鳳凰花會、成大鳳凰樹文學獎、成大鳳凰樹劇場等。近年來，重現鳳凰花城的活動，也在臺南市如火如荼展開，如二〇一五年五月鳳凰花會成立，當時在建興國中植下鳳凰花，二〇一五年十月在運河南岸種植六十六棵鳳凰花，二〇一六年在臺南公園種植鳳凰花，二〇一七年邀亞洲餐旅、大成國中、志開國小在水交社種植六十六棵；同時也推動「畢業了我們來種鳳凰花」活動，連續二年在安平、崇學、忠義、和順、虎山實小和畢業生一起種樹，並且相約十年後回母校看小苗長成大樹。這些又潮又夯的鳳凰花活動，讓鳳凰花與府城的愛更是長長久久。

〈鳳凰花〉

作詞：王美霞 作曲：陳景昭 編曲／吉他：徐梅琴

鳳凰花樹頂飛
阮的心情對你找相揣
鳳凰花豔 phà-phà
日日點著胭脂勒走攤
春花紅紅插頭鬃
蓬裙青青遐大掌
風來翩翩弄蝴蝶
府城上隋看這叢
那暝落雨損大雷
驚嚇就此趴下去

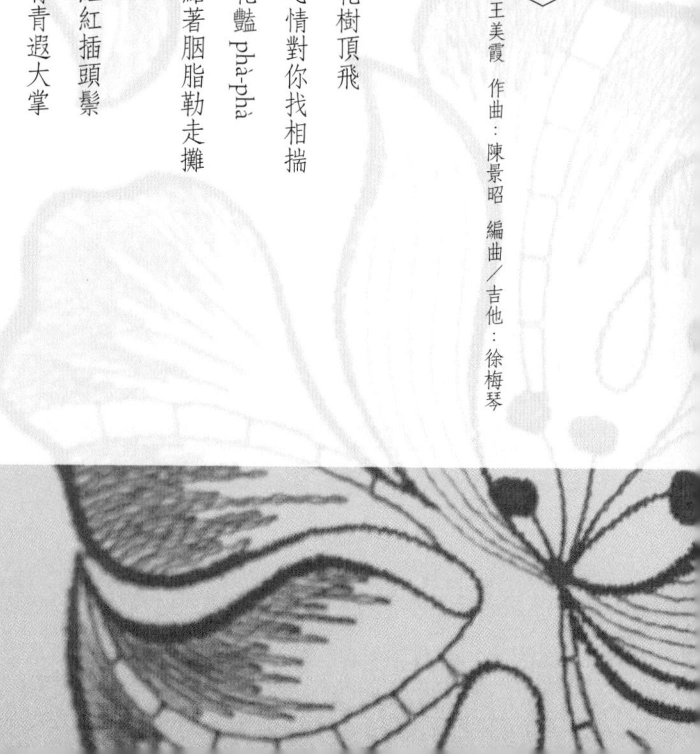

可憐身軀倒直直
惋惜阮不知講啥乜？
思前想後說過去
提筆為你唸歌詩
等你何時鳳凰擱再飛
等你何時青葉擱發芽
望你訂根活下去
鳳凰樹頭歡喜牽手呷你圍

線上聽美霞老師朗讀〈鳳凰花〉，
請掃描 QR code

認識她的風華

林百貨的流金歲月

二十七間店鋪建築

林百貨，人稱「五棧樓仔」。在一九三〇年代，從臺南車站經明治公園到臺南運河之間的「大正町通」（現今中山路）、「末廣町通」（現今中正路），是城市裡最繁華的地段，林百貨與鄰近的小出商行（現今中正路47、49、51號），獨領一時風騷。

一九一一年，臺南實施市區改正，因此形成四通八達的交通及新興市容；一九二七年，臺南市的日本商人成立共同興築店舖建築的速成會組織，決議在末廣町通的南北兩側，建造仿歐風的洋樓，最後規劃連接店舖二十七戶，店舖最低為三層樓，一部分是五層樓，如小出商店，而林百貨最高，是六層樓。

林百貨於一九三一年十二月開始興建，當時由日人林方一出資，臺南州地方技師兼臺灣建

1930 年代，林百貨是臺南最高的建築，也是末廣町最「潮」的地標。（臺南市文化局 提供）

築會臺南州支部長梅澤捨次郎設計督建，一九三二年（昭和七年）十二月五日開幕。林方一在林百貨開幕幾日後因病辭世，便由當時三十八歲的妻子林とし（年子）擔任社長。

林百貨是採用鋼筋混凝土結構的大樓，位於末廣町通的第一家，正面為十字路口，深具都市建築地標形象。內部一樓至四樓為賣場，販售商品有洋服、吳服、皮鞋、化妝品、日式糕餅、玩具文具等，四樓的一部分與五樓做為食堂，六樓則為頂樓神社與機械室、展望台。當時在五樓廣場還設有電動投幣式的木馬，以及撈金魚的攤位。由於第六層樓的面積縮小，一般人從街道看去，只能辨識五層樓的高度，所以才以「五棧樓」稱呼。

臺南銀座的榮景

末廣町通的店鋪，經營販售的都是價格高檔的華洋商品，當時臺南人視為東京銀座，所以，末廣町通又有「銀座通」之稱。

林百貨在當年可說是臺南最「潮」的地方，末廣町銀座的商品，都是從安平港進口，由大阪組（貨運組合會社）轉運，然後上櫃販售，而林百貨便是選購高檔舶來品、買辦嫁妝的高級名店。每日開店時間為上午八點至晚間六點，每逢年節和慶典，沿街都會擺設菊花與祭品，店家還會從五樓向人群拋灑銅錢及點心，一時萬頭攢動，熱鬧非凡。

當時能入得其門消費的，非富即貴；能在百貨樓工作的員工，也必須有相當的學經歷，

銀座通當年舉辦慶典的熱鬧景象，左上為林百貨，林百貨員工還從陽台探出頭來。（張仲郁 攝；潘元石 提供）

可說是高級服務業。大樓裡更有當時所稱的「流籠」（電梯），是二次大戰前臺南市唯一具有現代化電梯設備的百貨大樓，與坐落臺北市榮町（今衡陽路一帶）的「菊元百貨」，並稱為日治時期南北兩大百貨店。

林百貨開業在一九三二至一九四五年間，經營的鼎盛期是在一九四〇年，據說，當年每月營業額若以今天的新臺幣來計算，約有千萬元以上。

幾經滄桑，華麗轉身

一九四五年，林百貨因戰爭砲火而歇業，二戰結束後，日本商人被遣送回日，此樓便陸續做為臺灣製鹽總廠、省糧食局、鹽務警察局（保三總隊）、空軍防砲部隊等單位使用，及至保三總隊遷往臺北之後，林百貨便陷入了長期閒置。幾經滄桑，梁柱、牆面頹圮且破敗不堪，裡頭漆黑陰暗，靜默地蜷曲在城市一隅。

一九九八年六月二十六日，臺南市政府公告林百貨為市定古蹟；二〇〇六年，委託徐裕健建築事務所進行古蹟保存維護及再利用設計監造；二〇一〇年展開修復工程，臺南市政府耗資了八千多萬元，於二〇一三年修復完工、四月完成驗收，同年六月三十日規劃為期兩個月的林百貨回顧展，開放市民參觀，使林百貨蘊涵的歷史價值與世代故事得以傳遞。

二〇一三年九月二十六日，市府正式與高青時尚簽約，打造以文創為主題的百貨公司，於二〇一四年六月十四日重新開幕。

高青時尚為臺南企業的關係企業，也是知名在地百貨Focus的經營者。接手後，六層樓的空間規劃均以「臺南」為核心：一樓門面「臺南好客廳」，呈現府城風情和臺南伴手禮；二至三樓「臺南好設計」、「臺南好時尚」，做為文創產品展售；四樓「臺南好文化」是開放性空間，可做表演、演講、販售咖啡之用；五樓「臺南好美味」是餐廳；六樓「臺南好風景」則販售紀念品。

林百貨華麗轉身，創下古蹟再利用為文創百貨的先例。四年來，林百貨已經成為臺南市的地標；二〇一六年，林百貨獲得亞洲最具影響力設計大獎（Design for Asia Awards），是當年臺灣唯一得到大獎（Grand award）的單位；二〇一七年，林百貨更以優秀表現獲得國家產業創新獎；截至二〇一八年六月為止，國內外人士共有五百萬人次參訪林百貨。

走入林百貨，也走入臺南深厚文化底蘊的記憶。

認識她的美麗

五棧樓的建築傳奇

一九一一年，臺南市實施市區改正，由於國際建築思潮的影響，各種西洋式樣的造型語彙，例如高塔、圓頂、柱列、對稱寬立面、大門廊等，均是公共建築的標準構成。當時的市區改正，可說是整體城市改變的基礎。西式建築帶來都市風貌的轉化，也成為現代化的象徵。

一九二三年（日本大正十二年）的關東大地震，震垮了當地許多磚造建構，日本人於是開始接受現代建築觀念（如鋼筋混凝土）。日治時期的臺灣被日本建築業者視為發展的舞台，對殖民政府來說，現代建築也是文明的表徵，更由於社會經濟轉型，商業建築、娛樂建築、銀行、百貨公司等採用新建築的形式便應運而生。

一九三〇年代中期，現代建築中的藝術裝飾風格，已經成為臺灣建築發展主流，一九三二年由梅澤捨次郎建造的「臺南末廣町店舖住宅」便是一例。

林百貨在末廣町店舖住宅群中，有六層樓，樓層最高，面積有五百八十四坪，也是最大。

內部電梯是當時南臺灣首見，也是摩登文明的進步象徵。末廣町店舖的整體建築風格，是大正時期之後日本精彩的一代建築表現，這種兼有西洋歷史風格與藝術裝飾（Art Deco）的式樣，是現代主義建築的過渡，藝術裝飾基本上使用幾何化及圖案化的細部圖騰，在整棟林百貨的建築中，可以見到這些豐富的建築語彙。

由徐裕健建築師領軍的林百貨建築修復小組，以科學測量及人工手作，找回歷史與美學的堅持。古蹟修復也是一次向過去學習的機會，在修復整棟建築的大結構部分時，可以讀到當年的建築師對於建物長久的思考，例如梅澤捨次郎把鋼結構做成模仿歐洲古典的石材結構，這就是新藝術工藝。徐裕健說：「那時代的建築師，兼具理性的力學與藝術的美學涵養。」

林百貨大量使用仿石材工法，所謂「仿石材」，是天然石材的一種替代品，但是在視覺、觸覺上的質感，與天然石材相仿。日治時期，仿石材被廣泛應用在建築物的牆壁、地坪等部位，如水泥乾燥前以水沖洗成為「洗石子」，乾燥後研磨則成為「磨石子」。整棟林百貨建築，洗石子和磨石子的元素處處可見。林百貨的洗石子採用特殊的黃色調，用粒徑〇點五到〇點八公分的卵石。除此之外，山牆、溝面磚、磨石子地板，都是走訪林百貨時必看的重點。

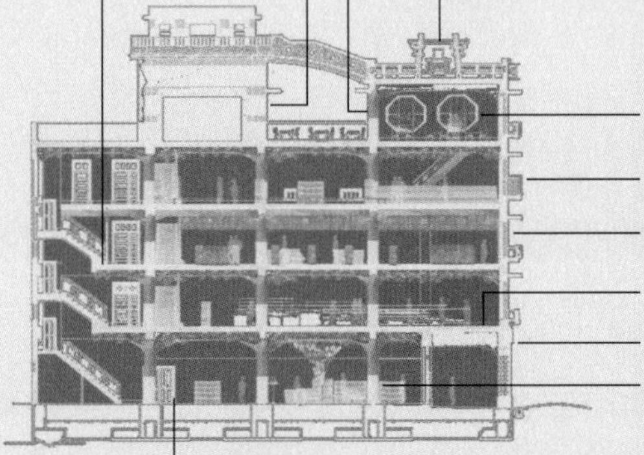

參考影片
QR code

◀ 溝面磚

溝面磚表面是凹凸溝痕形式，大多做成十三溝，所以也稱為「十三溝面磚」，除此之外，也有做成七溝、九溝，甚至二十多溝，或是像林百貨外觀的這種不規則溝面。這是 1920 年代前後日治時期建築常用的建材，在日本稱之為スクラッチ・タイル（scratch tile）。溝面磚的紋路，具有線條的視覺美感；林百貨採用的溝面磚，具有窯變磚的色澤，立面的色感表現十分豐富。

▶ 洗石子牆面及牆面飾帶

林百貨的洗石子有平面洗石、泥塑洗石、壓花印模洗石等三種工法。平面洗石在女兒牆、陽台外牆可見；泥塑洗石分布在外牆的牆面飾帶及鳥居；壓花印模洗石則表現在外牆的繁複花樣，有浮雕的效果。

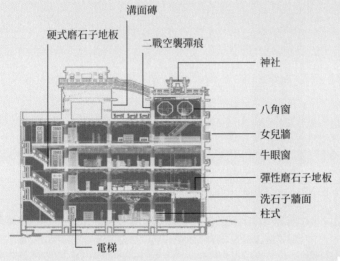

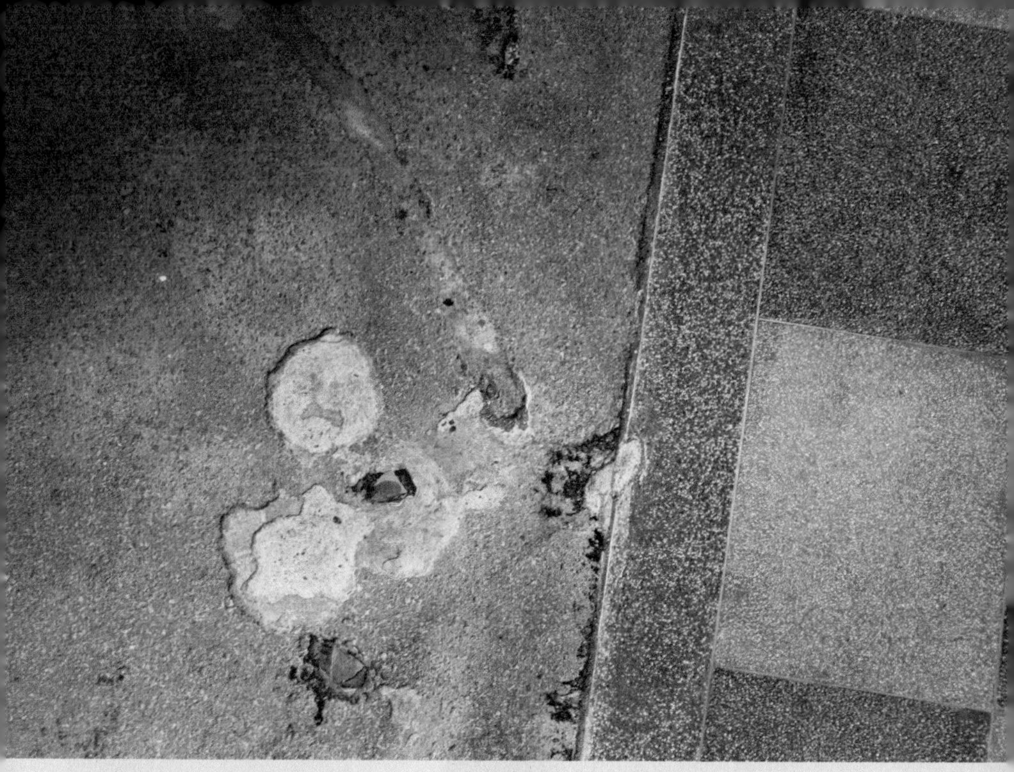

▲ 磨石子地板

磨石子使用在室內地坪、梁柱和陽台騎樓上。磨石子地坪有兩種，一種是硬式的光滑面磨石子地坪，另一種是軟式的彈性地坪。林百貨內部二、三樓，各有一處保留早期未修復的地板，二樓為軟底地板，三樓則為硬底地板，踩踏和觸摸感有些微差異。兩種皆為古法製造的灰橘相間磨石子，具有耐久、耐火特性，含有木屑、合成樹脂，為當年引入的先進地板，在建築工法的歷史上深具意義。

參考影片 QR code

▼ 山牆、柱式

林百貨的東向立面，有希臘山牆、柱式的仿石構造立面。（右圖為騎樓柱頭紋樣裝飾）

▼ 二戰空襲彈痕

1945 年 3 月 1 日，美軍在臺南本町（民權路）及末廣町（中正路）一帶進行猛烈空襲，林百貨屋頂及部分樓板被炸毀，鄰近的臺南州廳等政府機構更是嚴重。林百貨建築立面的轟炸痕跡在修護時已經填補，僅保留頂樓被轟炸及掃射的彈痕做為史蹟見證。

參考影片 QR code

▲ 八角窗、牛眼窗

林百貨在當時是臺南市最高的建物之一，五樓餐廳面向運河及安平海邊開了大八角窗，方便鳥瞰落日遠景。這是 1930 年代文人筆下最具風韻的場景，文學家葉石濤的小說也曾提及此景。

林百貨面街部分，也採大面開窗以觀覽街景，轉角處則以圓形牛眼窗戶裝飾；電梯在各樓層靠近樓梯扶手一面，也以牛眼窗做為通風口。

參考影片 QR code

◀ 六樓神社

林百貨頂樓的神社稱「末廣社」，為侍奉會社主護神的神社，完成於開幕之後半年，於 1933 年 5 月 12 日落成舉辦「披露宴」，為臺灣僅存的店舖建築內的空中神社，現仍保存水泥鳥居。

參考影片 QR code

▼ 指針式電梯

林百貨是當年南臺灣最早擁有電梯設備的建物之一，當時臺南人「去林百貨坐流籠」是新奇時髦的休閒活動。電梯原載重 12 人，現今為配合保留原有的機械導軌結構，縮小為搭載 6 人的空間，周邊以透明挖窗讓訪客乘坐時可以觀賞，每層樓的電梯井道均有一個圓形採光窗。

HAYASHI的曼波六部曲

店

在這裡，閱讀臺南百年店家的堅持，
以及品牌背後的故事。
一座城市，因人而有了美麗風景，
一個店家，因愛而有了溫度。

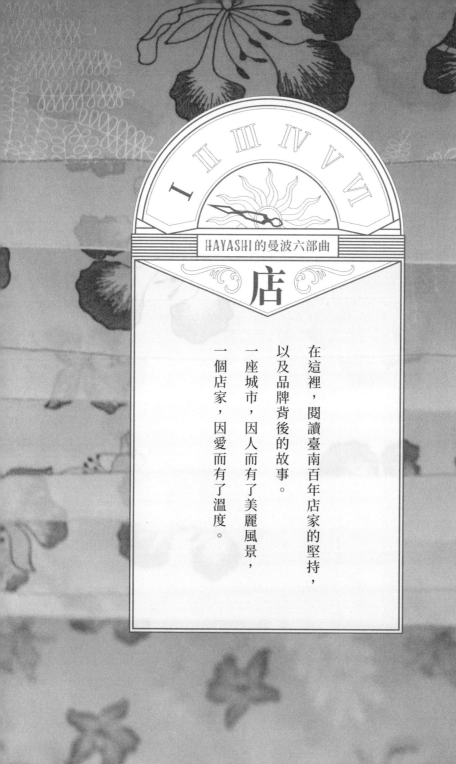

袋袋相傳的喜悅

合成帆布行

●那個柿赭色的帆布包

林百貨的二樓，以「臺南好設計」為題，集結文創好物、工藝設計，嚴選充滿賞玩趣味的文創品，供顧客瀏覽選購。在諸多文創專櫃中，合成帆布行的專櫃，一直是展現在地設計的極品。二〇一六年，京都信三郎布包與合成帆布行在臺南森咖啡的對談，更將合成帆布行的品牌推向國際化。

合成帆布行的網址英文以「onebag」為名，強調的是「即使只需要一個帆布袋，合成帆布也會為客人製作。」所以，「合成帆布」的品牌，不僅是made in Taiwan的信譽品質，也是臺南在地熱情服務的保證。在林百貨的合成文創布包，有一種經典款，是我懷念的顏色——那個柿赭色的帆布包，曾經是我與芮翎的夢。

二〇一四年，林百貨再開幕時，合成帆布行是首批參與招商行列的店家，為了這家老百貨公司再開幕的榮光，合成帆布行特別製作經典款背包，顏色是林百貨限定。負責限定款產品開發的，是當時合成第三代接班人許芮翎。記得有一天，芮翎告訴我，合成帆布行染就了一批成色溫潤的布：「老師，你要不要看看呢？」

在帆布行的工作檯上，芮翎攤開那疋布，起落間，黃熟的色澤彷如一片后土之色，洋洋灑灑張開溫厚的質感。

芮翎說：「我想把時間染在帆布裡……」

「時間？」我詫異地望著她。

「是啊，日日在店裡，看著長輩敲敲打打、裁縫車織，我覺得這間店是阿公、爸爸一路走來的努力，也是時間累積的成果。」

我問她：「你也這樣看待林百貨嗎？」

芮翎笑了：「是，林百貨也是府城時間的記憶。」

●代代流傳，袋袋圓滿

從日本學成歸國的她，回到家中幫忙，希望家傳產業有創新思維，於是開始建立一套生產行銷的流程，也致力於文創開發。她染了一塊布，想像中，那是時間的布，而且是取自林百貨將近百年的樓牆色澤，她知道那顏色就是上一代努力的成果，也是傳遞給下一代的生命力。我賞玩柿赭顏色製成的帆布袋，便為她的林百貨限定款寫就兩篇文案：

其一：

陽光從歲月裡甦醒
染就一抹柿赭的沉穩
呵在手心
提在肩上
勻勻溫暖的　就是
一派大地豐熟的色相

其二：
稻香轉成磚紅
鐫印はやし的樓牆
染成一疋風華
溫潤的顏彩
豐收的喜悅
代代流傳
袋袋圓滿

芮翎這疋布染得真好，帆布裡看到大地稻熟的豐足與芬芳，也看到林百貨沉澱於歲月風華的樓牆，更看到陽光糝落金黃的氣象，充滿柿子紅熟時漸次轉成甜黃的喜悅。這分圓緣相攜，就是合成帆布行製作每一個布袋的祝福，也是值得代代流傳的行囊。兩首文案，一寫色相，一寫顏彩，兩首都收進林百貨限定款的布包裡。開幕之後，這款帆布袋成為林百貨最暢銷的文創商品。合成的愛，在林百貨充滿古意的空間裡與訪客有了共鳴，祝福每一位擁有這一袋袋圓滿的朋友，都有如詩般的美麗人生。

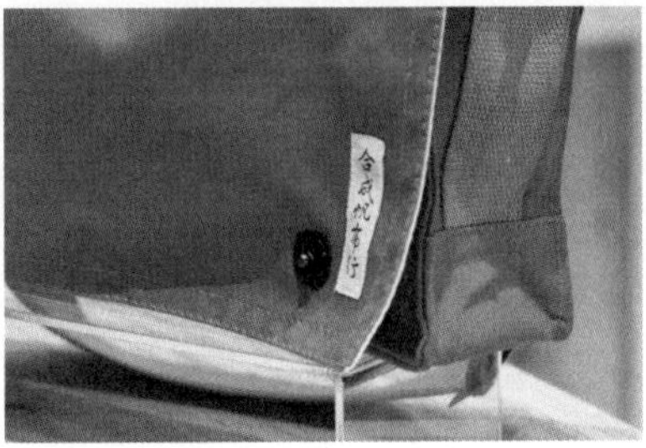

②|①
① 限定款帆布包的柿赭色，也是林百貨近百年歲月沉澱的樓牆色澤。
② 把時間染在帆布裡，那是大地稻熟的芬芳、陽光灑落的氣象。

染了一個重生的顏色

林百貨再開幕不久，芮翎有喜了，當大家期盼小寶寶呱呱墜地時，善良美麗的芮翎卻在生產的醫療過程中香消玉殞了……。乍聽噩耗，我驚詫得無法思考，怎麼會？不可能！是惡作劇！現代醫療如此進步，不會有準媽媽在生產過程去世的！然而，事實證明：芮翎走了！聽聞噩耗那天，我奔到合成帆布行的店裡，許大哥、大嫂仍在趕製承諾顧客交貨的帆布袋，騎樓下，兩人滿臉憔悴，彷彿瞬間老了幾十歲，為了敬業精神，他們挺著喪女之慟，還是繼續工作。我擁著大嫂放聲大哭，許大哥黯然低聲說：「我們還可以……」聽他一鎚一鎚敲打著布包環釦的聲音，我的眼淚一滴滴落得比釘鎚還沉重！

幾日後芮翎的告別式，許大哥沒有放下店裡的運作，他請員工代替他平時做的工作，貨照常出，店照常開。許勝凱大哥自接班合成後，一年到頭只有除夕當天才休息，即便是失去心愛女兒的大悲慟，他仍堅持讓合成維持營運，因為那是對顧客的承諾。他扛下老店招牌，選擇擔起責任，讓日子繼續往前，也讓合成的裁縫車繼續輪轉。告別式那天，我為芮翎寫下祭文，祭文未竟，兩年多來，不捨之情至今依然在心中迴盪。

之後，有好長一段時間，芮翎開發的林百貨限定款柿赭色的帆布，不再出現在店裡了。

我揹著當年芮翎用柿赭色帆布縫製的書包演講、旅遊、讀書，晴天、雨天，日復一日。有一天，許大哥看著我的書包上褪色的布面，若有所思地說：「這書包是獨一無二的……書包上的字都糊掉了，你怎麼還揹呢？」然後，他微微一笑說：「我最近新染的顏色，已經不會褪色了喔。」我笑了笑，還是不肯換掉這個褪色的書包，許大哥也沒勉強我，因為他和我都明白：這個書包，永遠絕版了。但是，我知道勇敢的大哥大嫂走出來了！染了一個新的柿赭，在眼底、在心上，永不褪色。

又過了很長一段時間，我從合成帆布行經過，許大哥遠遠就招呼我：「美霞老師，我們承接了一個國際級的訂單，德國經典品牌的限定款，染了一個美麗的顏色……」許大哥破例用那個顏色幫我做了一個新的書包，他說：那是代表國際品牌的信心與驕傲，標誌在地的文創定位。

柿赭色的布包被我收藏在櫥櫃裡，我終於換了新書包，仍然是合成帆布行的正字標記，正如林百貨永遠帶來重生的力量，我和許大哥都很勇敢走過悲傷了。

帶著姊姊的愛，前行

目前合成帆布行仍是許勝凱大哥當家，而一切的行銷與品牌打造，已經由第三代的許晉嘉接手。許多個深夜，經過合成帆布行，常見晉嘉與許大哥兩人的身影，仍然孜孜矻矻努力工作著。二〇一五年晉嘉剛退伍，芮翎生產前一個月，她給了晉嘉一份店務的工作流程表及一切明細，當時，晉嘉只是抱持著要和姊姊一起努力的心情去迎接新任務，沒想到，那張工作明細表，竟是姊姊留給他最後的交代。姊姊在醫院掙扎的那一個多月，是晉嘉極速成長的一刻，他毫不考慮就捐出百分之五十三的肝臟，只求救活姊姊一命。「姊姊會離開，完全不在我的生命設想之中。」晉嘉黯然地說。

扛下合成的接班任務，晉嘉很明白，要更努力，因為有一分心力是替姊姊做的！過去，芮翎喜歡老物件，也著手文創品的開發；晉嘉接手後調整努力的方向，他從鞏固、壯大、提升合成的品牌做起，先把專職客製化的特色做好，本行本業老品牌鞏固好，才是王道！

合成經歷了臺灣帆布包產業的轉型期，十五年前便架設網頁，讓帆布包跨出保守制式格局、提供客製化服務，都是開產業風氣之先，一直是領頭羊的角色，因此，合成百分百就是文創的品牌。「One Bag」是合成帆布行秉持的待客之心，晉嘉認為，把合成品牌的深度做得更扎實，更能讓顧客體會合成的品牌故事，願意把合成的 Logo 當作品牌的榮耀。

合成帆布的品牌溫度從店家現場就可以感受到，來到合成帆布行，有阿姨、阿嬤在做工，爸爸在釘釦子，每一個布包的製程，都在店裡呈現，像繪卷一樣，將近一甲子以來展演著帆布包的進行式。每一位客人來到店裡，可以自在的 window shopping，也可以走走看看這些製成並參與帆布包的時間故事。

每一個布包的製程，彷如繪卷般，縫嵌著職人的敬業與堅持。

One Bag，合成帆布的待客之心

晉嘉特別強調，他不做臉書粉絲頁，不著力於隨機、隨意、即時把現有的商品上架；合成的商品在官網中呈現時，是百分之百完美的控管品質，包括商品攝影也是一絲不苟。雖然官網上有購物車，但晉嘉更歡迎顧客來一通電話，或是一個傳真、一封email，來和店家談心目中最想要的書包款式、顏色。這個做法顛覆了網路下單的便宜溝通形式，顯然合成帆布行正以逆襲的方式鞏固品牌、創造獨特性。晉嘉說：「我希望喜歡合成帆布的朋友，因為客製化的服務，使得驚喜的程度提升，來客率更高。這樣的黏著度，才是品牌的務實行銷。」

對於合成帆布行的未來，晉嘉有很清楚的核心方向：文創、日常、使命、堅持。文創是合成帆布本然的體質，它每天都在創造生活與文化的故事。這家店屹立臺南的市中心六十多年，已經是很多老臺南人的生活日常了，在漫長的時間裡，合成帆布行是城市裡穩定的風景，揹著合成的書包去上學，也是許多人兒時、青少年的記憶。現今，晉嘉的努力帶有不能讓姊姊失望的使命感，一個品牌若沒有堅持信念，很快就會走樣，合成堅持始終如一的精神，每一塊布面、每一個環釦都是手工親做，也樂於以「One Bag」的精神為客服務。

晉嘉一直強調：「姊姊比較像第三代的繼承者，我比較像店長。姊姊是合成帆布行制度化

的建立者，我回來接手的時候，姊姊、爸爸已經把路鋪得很好了，我只是把這條路走得更穩定、更久長。」這兩年來，合成接下了許多國際品牌的訂單，如德國雙人牌、日本森田屋超市、新加坡雙林寺、香港藥品代理商等等，遠渡重洋來合成下單，代表對臺灣製造的肯定，也是合成帆布行邁向國際化的漂亮成績單。

老舖下一個甲子的展望是：「日本有京都，京都有一澤信三郎；臺灣有臺南，臺南有合成帆布。」在合成帆布行這家老店裡，我看見在地品牌值得喝采的能量。

合成帆布的每一塊布面、每一個環釦都是手工親做，也樂於以「One Bag」的精神為客服務。

餅的羅曼史

舊來發餅舖

一個印章的堅持

林百貨一樓的「好客廳」，有許多臺南在地的伴手禮，在諸多的伴手禮中，以舊來發的椪餅最為人所喜愛。握在手上圓圓滿滿的椪餅，上頭的林百貨印痕，有全臺首府文人落款的讚歎與氣質，也有文雅滿室的興味。烙印在幸福之上的歲月鑿痕，讓百年的歷史味蕾停留在品嚐椪餅的舌間，這是幸福臺南的味道。

製作椪餅聞名的舊來發餅舖，是臺南在地百年老店。林百貨開幕之初，便以拜訪百年老店為首要招商重點，舊來發的百年歷史與林百貨的精神相呼應，在林百貨團隊三顧茅廬的積極邀請下，百年老店答應情義相挺，一起努力。

百年椪餅原先只是隨手帶走的包裝，林百貨量身訂作了伴手禮禮盒，更加強老品牌的精質化。在合作過程中，求好心切是雙方共識，老闆娘陳淑芬指著椪餅上來自百年印章店信文堂的「林」字，笑著說：「為了這個印記可以完美呈現，我們前前後後刻了五次！」她從收藏櫃拿出一排當時一刻再刻的印章說：「每個印章字體的差別都只在毫米之間，但是，不對，就重來，直到完美為止。」哇！一整排印章都是心血紀錄！

「林百貨的招牌，要顧；舊來發百年老店的信譽，更要完美保持，這就是百年老店的堅持啦！」舊來發餅舖如是說。

信文堂刻的「林」字章，每個字體的差別都在毫米之間。

●草地蒼蠅，肖想縣口香餅

「椪餅」或稱「凸餅」，是歷史超過百年的地方點心，這個遵循古法製成的古早味糕餅，原本是神明壽誕的祭祀供品，也是早年婦女坐月子時吃的餅食。

椪餅以黑糖、麵粉及水為主要原料，表面外殼吃起來有淺淺的糖香、脆脆的麵粉香，餅底有一層黑糖餡，QQ的、很有厚實的咬勁，香氣十足，所以又稱作「香餅」。也有人以香餅圓圓、膨膨的外貌，把它稱為「椪餅」。古時有「吃三個椪餅，等於吃一隻麻油雞」的說法，早年一般人家無法供給麻油雞給產婦坐月子，臺南人就以有黑糖內餡的香餅替代，在餅中央敲破一個洞打入雞蛋，再以麻油慢煎至雞蛋全熟後食用。因為麻油和黑糖都屬於溫補的食品，有助於婦女產後保健，因此黑糖香餅又有「月子餅」的稱呼。

在清領時期，糖是奢侈品，有錢人才能吃得起用糖做成的餅，臺南的有錢人都集中在府城內，因此餅舖大多也開在府城城牆內；而且

握在手上圓圓滿滿的椪餅，黑糖內餡的香氣，是幸福臺南的味道。

大多依廟而開店，因為祭祀拜拜，少不得許多糕餅之類，是餅店生意的大宗，各廟宇的交陪境❖答謝，也時常以椪餅做為答謝禮。二〇一六年臺南大地震後，前臺南市長賴清德曾到全臺各地廟宇拜拜並答謝，當時就是選擇椪餅做伴手禮，數千顆的椪餅，曾讓臺南椪餅成為全國熱門話題。

椪餅是府城人生活中很知名的點心，臺南有一句俗諺說：「草地蒼蠅也肖想縣口香餅。」意思是城牆外的人也想吃城牆內的香餅，大有消遣他人「癩蝦蟆想吃天鵝肉」的貶意，可見府城臺南人多麼以椪餅為傲！

遵循古法，紅磚老灶撲餅香

「舊來發餅舖」位於古名水尾街的自強街，自強街是舊時府城北上的官道，店址位在臺南歷史最悠久的開基天后宮對面，靠山吃山，靠海吃海，舊來發也專靠神明賞飯吃。自一八七五年創業，至今已一百四十多年，第一代何士銓以製糖為主，當時店名為「生春糖舖」，第二代何秋水轉為經營餅舖，取名「來發餅舖」，傳到第三代何耀木時，為了躲避二戰空襲，餅店曾經一度歇業，待重新開業後，發現已有其他店用「來發」為名，於是改名為「舊來發」。現今舊來發餅舖傳承至第四代何錫銘，第五代何昱翰也在努力學習百年技藝，以繼承家業。

舊來發餅舖前端是店，後端是廠，傳承六代，一家十幾口，都在店裡工作。店內烤爐已有六十年以上高齡，沒有溫度計，如何掌控餅的膨鬆度與香脆口感，沒有數據依循，全靠多年的經驗與技術。何錫銘常常很得意地說：「我從小就在爐邊混，餅要怎麼一手掌握，我都瞭若指掌。我們不怕人家看，因為這點竅門，是多年功夫摸索出來的，光看也學不來。」

何家幾代男丁都是單傳，何錫銘自五歲開始，就跟著父親在餅舖裡過日子，繼承家傳的餅舖好像是天經地義的事，他也很有擔當地一肩挑起老舖。女兒何玟儀回憶小時候，自強街一帶地勢低窪，時常會淹水，有時水淹到父親的膝蓋高了，也幾乎漲到她的胸口，卻見父親仍然還在做餅、烤餅。何錫銘的信念很簡單，就是要把舊來發餅舖守住、傳下去，他說：「我們不接手，這間店就沒有了。」為了守住百年的老招牌，他是不肯懈怠的，何家第三、四代的女性都終身不婚，只為幫忙兄弟守護祖先傳下來的好味道。一家人全年無休，也沒人領薪水，濃濃的親情撐起了這家店，也撐起了百年好味道。

舊來發餅舖遵照傳統古法，堅持以手工、以傳統燒柴的紅磚老灶製作糕餅，不添加化學材料，不過度包裝，自製自銷，目前仍以祭祀神明時所需的各種祭粿及傳統糕餅為主，招牌產品有白糖酥餅、沙西餅、水晶餅、黑糖香餅、白糖香餅等。

●高峰低谷，全家一起守候

臺南是許多神明護佑之地，諸神信仰使得祭祀成為民間生活中很重要的儀式。第四代的老闆娘陳淑芬常說臺南是一個好地方，她喜愛以一句俗諺與大家分享：「大家好（ta-ke hó），大家沒煩惱（ta-ke bô huân-ló），臺南府城四界攏係寶（pó）。」生活在臺南，處處都是讓人驚喜的小確幸，用這種心情去看待製作糕餅的生意，她覺得這一生所享受的，正是餅的羅曼史。

在製作糕餅的百年歷史中，舊來發也曾經走過慘澹經營的年月，尤其是超群西餅、大黑松小倆口等港式、西式餅乾挾著新奇多樣、包裝繁麗的氣勢搶灘糕餅市場後，餅舖的生意一落千丈，生活也幾乎難以度日。面對這樣的困境，何耀木召集家人，說出一定要守住家業的決心，並且不再製作麵包、蛋糕等外來的甜點，而以椪餅做為舊來發的製餅主力。這個努力方向持續至今，終於讓舊來發走出自己的特色。

一糕一餅間，春去秋來祀神忙

舊來發從第二代開始製作關於酬神、建醮貢品，製餅是與廟宇祭祀活動一起脈動，也與民間生老病死的生命儀式密不可分，從出生、度晬、做十六、婚嫁、坐月子、做壽桃，乃至於老死，都有祭神的糕餅。糕餅也記錄著時序中的各種節慶，大年初九天公生要拜「五秀糖塔」，七月普渡要拜「米糕餞」，中秋節拜「小漢餅」，冬至要做菜包，年底送神要製備冬瓜條、素食寸棗、花生仁糖、小糕點等「甜料」，送完神就該開始準備灶燒年糕了。舊來發的日子，就是以這些古早味的祀神糕點，迎著春去秋來，而民間祭祀的儀軌，更在一糕一餅間，釋義深遠。

臺南地區目前只有三個廟宇保留拜太陽公的祭祀，拜太陽公有很特別的牲禮：「九豬十六羊」，相傳這是反清復明的密碼。農曆三月十九，這天是明朝崇禎皇帝自殺殉國的日子，九

②|①　① 六十多年的烤爐，烤出餅的蓬鬆與香脆，火候全憑經驗掌握。
② 舊來發的紅磚老灶模型。

何玟慧做的模型，具體而微地呈現出祀神祭品的澎湃。

豬，諧音「救朱」，十六，是指明朝十六位皇帝，九豬十六羊的供品做成模型以後，正好可以排成「明」字的筆畫。

另外，還有拜天公的祭品，項目更是琳瑯滿目：牽圓十二個（代表十二個月）、紅圓、年糕、發糕、雙連龜、鹼粽（民間諧音：牽圓龜粿粽）；牽，長得像錢串，象徵榮華富貴，圓，則代表圓圓滿滿。一般祭祀牲禮有雞、鴨、魚肉、蝦、烏魚子等，只有拜天公才有豬、羊等牲禮，外加龍鳳燭台；四果茶是龍眼、金桔、冬瓜、紅棗；六齋是金針、燕條（絲）、木耳、香菇、冬粉、紫菜，還有菜碗，菜碗數量有分六碗、十二碗、二十四碗、三十六碗、七十二碗、一零八碗；鳳片是紅上白下的糕餅；麻荖、棋子餅（內餡鳳梨）、捶仔餅（餅龜仔），山珍海味，薑、鹽、糖、豆；蜜餞盒內裝三色軟糖，用以饗兵；四果，麵線三綹，五秀（糖塔）一塔四神獸，神獸的造型都要點紅，以討吉利，外加榭榴包，榭榴包如其名，象徵多子多孫。

這樣大費周章的祭祀場面，一般人很難備齊細目，而舊來發餅舖時常要面對顧客詢問古禮祭拜的細節，為了讓人一目瞭然，第六代何玟慧就著手製作縮小的模型，為來店的顧客解說。

●小模型，大學問

第五代的何玟慧原是學習護理，自製模型卻不學自通，全靠自己的巧手。

何玟慧多年前因媽祖婆託夢，開始製作拜天公的供品縮小模型，也開啟製作老店模型之路。八年來，她完成了舊來發餅舖，以及水仙宮米糕店、石精臼蚵仔煎兩家臺南傳統小吃店的縮小模型，她依照實體將作品縮小十分之一，忠實呈現店家的空間、內部的桌椅、廚房的鍋碗瓢盆，甚至牆上的日曆、鍋鼎內正在烹煮的大腸，連外牆斑駁的痕跡也栩栩如生。維妙維肖的模型，具體而微，幾可亂真。

用模型記錄傳統老店是何玟慧原創，而製作模型使用的材料，都是她從生活上的小物件活用而成，例如汽水瓶蓋、果凍盒、試管，或是用鉛筆當滾輪變化花紋等等。製作模型原先只是為了紓壓，卻意外獲得肯定，未來她將以新穎的模型技術，為林百貨各樓層製作模型，保留臺

模型雖小，細節卻絕不馬虎。舊來發的店面與糕餅、小吃店的桌椅和鍋爐，幾可亂真。

南古蹟的珍貴回憶。

●老老實實做餅，人在做，天在看

早年，舊來發餅舖曾經慘遭祝融，當時第三代老闆何耀木看著眾人為撲滅火勢，在現場義無反顧地搶救，十分感動，事後，他毫不考慮地投身義消工作二十餘年。第四代何錫銘現今也是臺南市義消隊長，他很肯定地說：「助人是一項光榮的事，這是我的終身職。」

舊來發餅舖的鐵捲門邊，特別設有一個小門，那是方便何錫銘時常在半夜出勤時可以出入的。每當火警警報傳來，何錫銘穿妥裝備迅速出勤，陳淑芬也沒閒著，就開始打電話聯絡，協助救災。這一

全家人一起工作，和樂又同心，濃濃的親情守護著百年好味道。

家人，把急難救助當作自家的要事，幾乎是全家總動員了。何錫銘說：「父親在的時候，沒有好的消防裝備，往往一個斗笠、一雙雨鞋就出勤了。現在我的裝備，比起父親當時強多了！」言談間，是一股雖千萬人吾往矣的義無反顧。

我在這一家人的和樂、同心、善良中，看到臺南在地人那一份隱而不誇的高貴情操。一間餅舖，能賺多少銀兩呢？全家十幾口，沒有分別心，守著一代一代傳下來的事業，即使是第六代，最小的孩子也會幫忙蓋店章，做簡單的包裝。第三代、第四代沒有出嫁的姑姑，在訪談時只是溫婉地微笑著，一直看著大家的歡顏笑語，手裡擀麵的活兒也沒停過。

曾有電視台的記者訪問何錫銘的姊姊何月娥，為了家族事業沒有出嫁，不會擔心老來孤單嗎？她回答：「弟弟的孩子就是我的孩子，我們是一家人！」他們的愛，很浪漫，用這份愛去做糕餅，就是一生一世的羅曼史了。

老闆娘陳淑芬說：「我們老老實實做餅，因為人在做，天在看喔。」舊來發沒有深奧的經營哲學，但是，他們和林百貨一樣，堅持守護當下美好的傳統，讓這份美好可以成為瑰寶，他們的生活就是一部值得尊敬的書。

❖在府城及五條港廟宇之間互相結盟往來，皆以境名相稱，俗稱「交陪境」。「交陪」是指互相往來結盟酬神之意。

想像的浪漫

明林蕾絲

蕾絲，喚醒純真幸福感

走在林百貨，精緻小巧的各樓層間，總有一款美麗的符號，像悠然飄逸的風，吹拂著幸福的氛圍，圍繞著你，那就是遍布全館的裝飾元素——鳳凰絲緞，精緻的工藝美感正來自在地品牌「明林蕾絲」。明林蕾絲擁有一甲子的技術與傳統工法，創造出一批又一批精緻的蕾絲，建立起屬於自己的浪漫蕾絲王國。

蕾絲，是以繁複鏤空花紋為特色的紡織品，起源於埃及，流行到歐洲，成為大量裝飾藝品的元素。蕾絲最早是裝飾教會祭壇的織物，十五世紀梭子蕾絲編織在歐洲流行起來，蕾絲便成為王公貴族得以擁有的高貴物品，也是人們炫耀財富與身分的表徵。路易十四統治時期，設立

蕾絲，以繁複的鏤空花紋，編織出既浪漫又神祕的工藝美學。（明林蕾絲 提供）

「皇家花邊製造所」，法國便有了獨特風格的蕾絲生產，佩戴蕾絲飾物是當時法國宮廷貴族夢寐以求的裝飾品。

到了十八世紀，洛可可（Rococo）風格盛行，蕾絲是宮廷女裝和沙龍女裝不可或缺的裝飾符號；十九世紀，高貴的蕾絲走入生活中，成為普羅大眾喜愛的物品，也大量使用在服飾製作上；直到二十一世紀，蕾絲早已融入日常生活物件中，甚至成為一門獨特的美學。

蕾絲以精細的紋理編織出許多文化意義及神祕感，在它漫長古老的歷史裡，穿引了文化與風格的連線，默默地進入許多人的生活中，不同時代、不同地域的蕾絲花紋的變化更是多元。蕾絲的美，喚起人們純真幸福的想像，看似一針一線規律且理性的織法，卻交織成千古以來令人百看不厭、也愛不釋手的感性工藝藝術品。

明林蕾絲是臺南在地一甲子的產業，專攻刺繡蕾絲的設計、生產，它的生產史與當時淳樸的臺灣社會一起成長；也可以說，明林蕾絲是以蕾絲美麗又繁複的紋路，記錄了臺灣經濟奇蹟的脈絡。

●從花邊鈕釦到蕾絲

光復初期，臺灣社會充滿機會，明林蕾絲創辦人林茂松先生也開始白手起家。林茂松是家中的長子，自幼便跟著祖父一起賣麻糬。十八歲那年，他在一家名為「大山」的內衣批發公司從事業務工作，經歷了八年的外務員生涯後，他決定自己創業，於是在臺南海安路租了一間五坪大小的店面，試著做小買賣。早期的資金並不充裕，然而林茂松秉持著「誠信經營」的理念，深獲客戶信賴，在服飾配件產業中站穩了腳步。一九五九年，林茂松買下第一棟房子，創立「明昌花邊鈕釦公司」，兄弟八人與家人一起經營，以誠信的服務，種類齊全的服飾配件，吸引絡繹不絕的採購人潮。

公司成立五、六年後，服飾配件的熱潮漸漸消退，首當其衝的就是生產的大量鈕釦配件因滯銷而囤積成山，利潤也遠遠不如預期，鈕釦與花邊產業面臨了巨大的考驗與衝擊！林茂松以多年從事服飾業的經驗，判斷蕾絲在未來相當有發展潛力，於是毅然決然地將「蕾絲花邊」改為主力商品，並在一九六四年成立了「明林股份有限公司」（明林蕾絲），將一生志業都投入了刺繡蕾絲的生產。

轉型後的明林蕾絲正逢七〇年代繁華榮景的全盛時期，經營非常成功，業務蒸蒸日上，在全臺灣擁有兩、三百家以上的大型客戶，訂單多得接不完。當時加工廠擁有上萬筆的蕾絲種類，堆得像小山一樣高的豐富型錄與花樣，明林蕾絲以「天馬牌」享譽全臺，甚至被業界稱為「蕾絲小王國」，可說是最大的蕾絲供應商。「那個時候在成衣界，只要說到蕾絲，大家就會想到明林。」第二代林銀雪經理回想起當時的盛況這麼說。

然而，美好景氣隨著八〇年代紡織業外移而改變了，大環境的蕭條，原來合作的三、四百家，剩下不到一百家，使得訂單僅剩二成，蕾絲加工日漸式微，從門庭若市變成門可羅雀。當時周遭產業為求生存，紛紛前進大陸，明林蕾絲卻堅持將產業留在臺灣，技術也傳承給後代，苦撐二十幾年，幾度曾考慮結束營業。但是，第二代林淑珍捨不得父母的心血白費，更不甘願臺南產業不斷外流，最後姊妹倆選擇勇敢承接，欲賦予明林蕾絲全新的生命，重啟轉折。

重現蕾絲王國的品牌之路

現任總經理林淑珍說：「產業不是能賺錢的時候就做，不賺錢就不做，而是要去想如何轉型，然後可以讓這個產業再繼續，甚至發揚光大。」

第二代接手後，林淑珍與林銀雪兩姊妹除了恪守父親誠信的商道，也期許能將蕾絲的版圖朝向更多元化的發展，並且創立品牌，打造「全台唯一蕾絲概念館」。相對於大陸的低價競爭、韓國蕾絲產業有國家政策大力扶植，臺灣的蕾絲產業面臨很大的挑戰，大環境雖是困境，卻也是轉機。

成立品牌的過程，從原本單純的製作生產，轉型到設計、開發的新領域。對林淑珍與林銀雪兩姊妹來說，就像是展開了一場深度的蕾絲之旅。兩姊妹笑著說：「小時候，從來不愛蕾絲的。」也許是出於物極必反的慣性吧，天天看著家中成千上萬的蕾絲，青少年時期只要是有蕾絲的東西，就絕對不碰觸，後來雖然回家協助蕾絲加工的業務，對於蕾絲仍然沒有具足

林淑珍、林銀雪兩姊妹討論著蕾絲打樣。（明林蕾絲 提供）

明林的加工廠生產線。（明林蕾絲 提供）

手工製作蕾絲包。（明林蕾絲 提供）

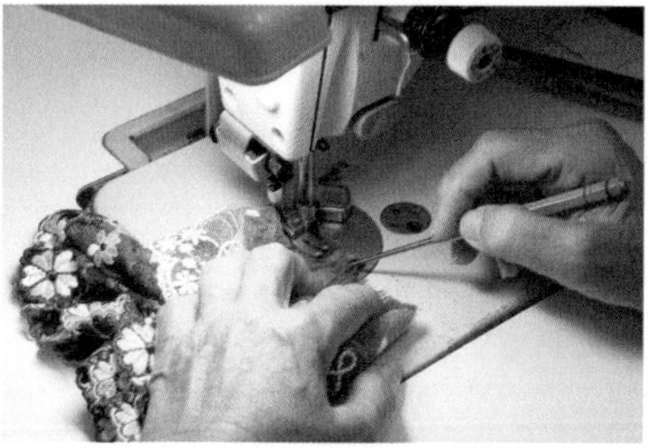

的感受。直到正式接手家族企業，為了尋找轉機，第一步必須從推廣認識蕾絲文化做起，讓更多人藉由認識蕾絲、進而喜愛選用，於是她們才真正深入了解蕾絲文化。政大畢業的妹妹林銀雪說：「有一次，我翻閱著歐洲的蕾絲歷史，才知道蕾絲是這麼悠久深邃的工藝，讀著讀著，心裡就有說不出的感動。那一刻我很驕傲，我們家族從事的蕾絲加工，是這麼充滿感情的。」

二〇一三年，臺南市安平區公所籌辦「浪漫安平，為金小姐圓夢三部曲」，明林蕾絲策劃了「蕾絲情緣特展」，利用蕾絲商品打造浪漫安平。正如當時安平區區長林國明所說：「蕾絲代表的是富有、浪漫。」以蕾絲串起安平金小姐的故事，從純真年代到流金歲月，藉由蕾絲的布展，營造安平在巷弄轉角間的浪漫，表現了當年安平的富庶繁華及文化多元。之後，又在安平四九人文咖啡館推出「古典蕾絲應用特展」，以古典蕾絲裝飾的各種創意用品，與老屋的元件結合，讓蕾絲風華再現，也烘托老屋風韻猶存。

就在此時，林百貨籌備再開幕，邀請明林蕾絲製作鳳凰花絲緞，這是明林蕾絲走向品牌化的臨門一腳。製作鳳凰花絲緞是經過不斷的嘗試與媒合的艱難業務，林淑珍說：「光是鳳凰花的打樣，來來回回幾十次，打出的花樣至少有六個版型，選擇刺繡的素材底部更是大費周章。」

一塊柔軟的絲緞，如何將美麗的花形完美呈現，這不僅考驗著設計師，更考驗現場的縫製師傅，所幸明林蕾絲的員工都是幾十年的老經驗，顏美玄做了五十多年的裁縫工作，設計師王淑鈴也跟著明林蕾絲走過大風大浪，現今完美的鳳凰花刺繡，就是在她們的用心用力下完成的。

有了美好的合作經驗，林百貨再開幕時，便邀請明林蕾絲進駐，這時，林氏姊妹也累積了三年的縝密籌備

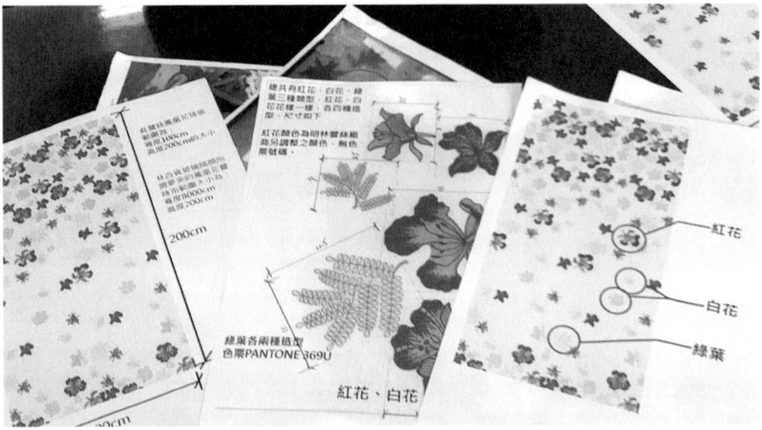

鳳凰花打樣，一次又一次，只為了讓花形在絲緞上更顯完美。

與規劃，是水到渠成的時候了，終於在二〇一四年正式成立「玫蘿莎」與「小天馬」品牌，同時選擇在臺南最美麗的林百貨開設品牌專櫃。以臺灣的臺南蕾絲王國為起點，明林蕾絲開啟了美麗的歷史新頁。林淑珍說：「我們必須有勇氣走出屬於自己的品牌之路！」

●夾腳拖、牛仔褲與蕾絲相遇

傳承傳統工法與高品質刺繡技術，堅持MIT臺灣製造，是明林蕾絲的一大特色。累積幾十年的技術，明林蕾絲精緻的質感更成為歐美廠商的首選，林銀雪說：「十幾年前許多中下游客戶西進到中國設廠，為了節省成本，就購買當地的蕾絲加工，但是很快地客戶發現品質出現了許多問題，所以這幾年又開始回頭找我們購買蕾絲。」目前，明林蕾絲廣邀婚紗工作室、服裝設計師、手作達人，甚至是花藝造型師合作，腦力激盪蕾絲創作的新領域。

近來，她們更開啟蕾絲的多元運用，除了製成髮飾、項鍊、圍巾、手機袋等，也在家具、夾腳拖、杯子上做裝飾；另外，為了攻占年輕人市場，將帆布、牛仔等元素與蕾絲結合，讓蕾絲不再只是高貴、浪漫的代名詞，更能受到各個族群所喜愛，深入生活各個角落。二〇一七年，明林蕾絲也推出蕾絲製作的服裝，讓蕾絲不僅是擺在家裡好看，也能穿出去亮眼！

明林蕾絲在臺南將近一甲子，林淑珍說：「小時候，很多的童裝都要加上蕾絲，顯出美麗的感覺，那是因為蕾絲給人一種善良純潔的感受，所以我希望以蕾絲帶人回歸到生命的初心、本性。」

曾經走到即將吹熄燈號的谷底時，是一個很簡單的念頭：「我們都是蕾絲養大的小孩！」讓兩姊妹毅然接下家族企業，帶領老員工繼續挺下去。蕾絲對於林氏姊妹來說，從不說、不看、不愛，到全心擁抱，真心喜愛，甚至引以為榮，明林蕾絲的品牌所敘述的，不僅是產業再創新的能量，更是在臺南生長的孩子，對於家族與在地產業的愛與努力。

退休後的林茂松先生，每天還是會來加工廠走走，從一樓、二樓……每一層都踅一下，和老員工打招呼、聊聊天。走完五層樓，然後來辦公室問林氏姊妹：「怎麼樣，生意好不好？」林淑珍和林銀雪說：「我們當然要好好做呀，這是阿爸打拚來的事業，員工也是我們的家人，不能讓他們沒有工廠啦！」說完，兩人很豪爽地笑了！

細細密密的蕾絲，絲絲線線都記錄著一個心情、一次感動，在千絲萬縷中交織成暖暖的幸福記憶。走過多少世紀的時光，穿梭古典與現代的故事，蕾絲始終是不朽的經典，永恆浪漫的代表。這個溫暖與幸福，不是想像的，是明林蕾絲用在地人的努力呵護而讓我們實質在握的。

下回當你走在林百貨的鳳凰花絲緞裡，請讓那充滿幸福的蕾絲，為平淡生活加點想像的浪漫吧！

讓蕾絲跨入生活之中，增添純真幸福感。下圖為蕾絲燈罩。
（明林蕾絲 提供）

聽，時光輕瀉的碎金

風潮音樂

●昭和時代的十大店歌

林百貨四樓是人文的，淡淡的咖啡香從四樓的樓梯間飄散開來，彷彿提醒訪客，再慢一點呦，腳步放輕緩，因為這裡適合靜謐地賞讀、聆聽。偌大的咖啡座，與隔處一隅的風潮專櫃相應，小而美的風潮音樂，像極了轉角的音樂寶盒，如果你時不時輕觸，它就會以獨具一格的主題旋律，向你招手。

林百貨的風潮音樂空間不大，設櫃也不多，因此，只有千挑萬篩的好專輯，才得以進駐，走看這家店更能聚焦於主題。此店的音樂專輯以臺灣在地與大自然音樂為最大宗，陳設的櫃品中也有許多獨立發行且具有特色的音樂人，如被譽為「離詩歌最近的聲音」的程璧、金子美鈴的《早生的鈴蟲》等；《范宗沛×鄧雨賢　望，不忘春風》因為與林百貨的摩登年代相應，一直是公播暢銷的第一名。在所有專輯中，最經典的是風潮音樂總監吳金黛為林百貨所製作的《時光迴廊》，這張專輯裡的音樂，也是林百貨每天輪流播放的曲目。

林百貨當年開幕時，店內就有固定播放的歌曲，大約有十首人人耳熟能詳的主打歌：〈東京進行曲〉、〈東京狂想曲〉、〈青澀的西裝〉、〈我家老婆長鬍子〉、〈紅色的睡蓮〉、〈東京音頭〉、〈祇園小唄〉、〈懷念的波麗露〉、〈再會吧，倫巴〉、〈離別的探哥〉，悠悠美好的旋律，在老一輩臺南人的記憶裡還是迴盪不已。

由藤山一郎演唱的〈懷念的波麗露〉，是當年很潮的歌曲。波麗露舞曲原本是法國作曲

它像是轉角的音樂寶盒，帶你聽見臺灣的好創作、好聲音。

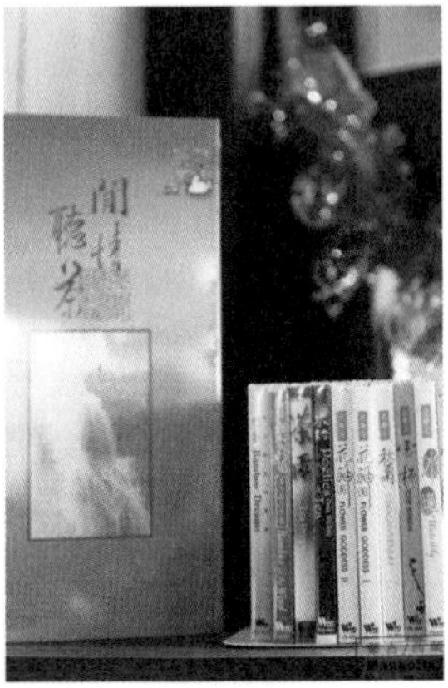

①|②|③

① 《范宗沛 × 鄧雨賢　望，不忘春風》專輯，是林百貨公播常年暢銷第一名。

②③ 在這裡，可以看到獨立發行且具有特色的音樂人作品。

家拉威爾的作品，描述在西班牙的小酒館裡，翩翩起舞的小姑娘，舞姿優美、歡樂奔放，是二十世紀法國極具代表性的管弦樂作品。但是，由藤浦洸作詞、服部良一作曲的〈懷念的波麗露〉只取其名而已，旋律節拍都是濃濃的東洋風。歌詞大意是抒情地懷想南國戀情，詞中寫著：「快樂的今晚，南方的星星是十字星，像可愛的眼睛，燦爛的是愛的光芒，今晚也在那天空上，高高地發出聲響吧，回憶的懷念的波麗露舞啊！」（楽しき今宵　南の星　十字星　いとしの瞳に似て　輝けるは　愛のひかり　今宵もあの空に　高くひびけ　想い出の　懐しの　ボレロよ）舞曲中流瀉著昭和時代摩登文明的氣氛，在那個享樂的時代，旋律裡也曼妙旋轉著愛與浪漫的呼喚。

府城有一位文史老前輩蔡顯榮先生，時常與我們談起當年林百貨音樂放送、引領風騷的盛況，那時的潮哥潮妹，都會來林百貨聽聽放什麼音樂，然後再去唱片行指名選買。蔡老師顯然也是當時的追星族，每當他談起林百貨的十首主題歌，就哼哼唱唱停不了，彷彿年輕了五十歲；而只要有人哼起那一首〈懷念的波麗露〉，他就忘我地舞蹈起來，那種輕快，就像是腳下穿了一雙時髦的踢踏舞鞋，無人能敵地踏出跳舞年代的歡暢！

●燕子呢喃的時光迴廊

林百貨再開幕後，也以音樂演繹與眾不同的旋律，風潮音樂製作了林百貨限定的《時光迴廊》，就是在創造這一波林百貨歷史的聲音的棲息與記憶了。

製作音樂的吳金黛是臺南人，十五歲之前，家住在臺南市中西區，時時來去南寧街的中山國中與住家，一路上都是童年臺南的映畫。吳金黛說：「臺南啊，最難忘的記憶是土地銀行，印象中，那個高高的迴廊總是充滿呢喃的聲音，是燕子在築巢。」

她從小就對於林百貨對面的土地銀行有一份瘋狂的喜愛，那個印象畫面裡有飛來飛去的燕子，然後，有聲音隨著羽燕翱翔，空氣中的溼度、溫度飄散著一種舒緩的節奏，好像點醒每個站在那方時空裡的人，停下來，不做什麼，只是定靜地看著燕子穿梭、呢喃，然後，時間在你的周圍溶融不見了。

吳金黛在二〇一三年為執行音樂企劃，受邀到林百貨參觀，這是她第一次登上這棟大樓。到了二樓，她一眼看見土地銀行頎長的列柱，隔著玻璃窗與街道，喚起童年時似曾相識的印象：「眼前這些加總：聲音、畫面、空氣，讓我想起小時候，小時候的臺南是很緩慢的。」

基於臺南居住的原鄉直覺，吳金黛選曲時，沒有設想太多的詮釋，「對於臺南，我無所謂框架。」因此，整個《時光迴廊》以時間為線索，臺南為主題，選曲很個人。

●季節，就是一首歌

春天的臺南，是適合走出去的。草原芬芳，帶點桔色鮮潤，舌尖留著甜甜的焦糖氣味，明快地以春光佐詩。所以，《春日的迴廊》選曲是追逐光影、與詩散步的微醺。

臺南的夏天很長，樹也很多，吳金黛說：「小時候上課到一半，蟬叫得很大聲，那個印象是很難忘的。」所以在《時光迴廊．仲夏青鳥》的專輯裡，特別以大自然蟬聲表現臺南的聲音記憶。府城詩人林梵曾寫過〈夏天的蟬〉，其中句子是：「忽然，夏天／蟬就鳴響了／一響百響千響／生命之歌／四界迴旋。」蟬，是臺南的，只有在臺南生活過的人才知道蟬聲與城市的呼應，並且扣住蟬聲嘶吼的引吭，高調表現整個夏天的青春派對！

秋天的臺南，是一個適合懶懶蛇（ㄌㄨㄚˇ ㄌㄨㄚˇ ㄙㄜˊ）的城市。秋天時，氣候雖開始轉變，溫度卻沒有強烈變化，濕度也是，有一種迷濛的感受，說不出的獨特性。《時光迴廊》中的《秋光。華麗之夢》以大提琴、小提琴、豎琴三重奏來表現〈卡農〉、〈望春風〉、〈野玫瑰〉等古典曲式。吳金黛說：「很早期的時候，我去京都，在許多店家、車站等公共空間，聽到的都是古典音樂。這讓我很驚訝，古典音樂可以在京都如此日常播放，這城市是很優雅的。」

①季節，就像一首歌，展現臺南最真實的心跳與呼吸。
②《時光迴廊》專輯。

臺南也是，臺灣早期很多優秀的音樂家幾乎都來自臺南，臺南學習古典音樂的風氣也是獨步全臺的，也只有文明化程度到了某個階段，才能具備這樣的細胞——在公共空間播放古典音樂。吳金黛說：「雖然選了西方的古典樂曲，但我很個人的覺得這才是真正『在地』。」

臺南的冬天很短，因為溫暖，所以濕地有水鳥來過冬，大地與萬象共舞，寧靜劃入歲暮的圓滿。吳金黛說：「林百貨是一個臺南文化地標，有文化紀念價值在，期望《時光迴廊》專輯可以聽見臺南的風華，聽見臺灣的聲音。」

●時間膠囊裡的迴旋曲

過去，臺南像是一個時間膠囊，在經濟蓬勃發展的那些年，它被遺忘很久，靜靜保存著一個風華美妙的年代。突然之間，當島嶼許多人意識到失去很多東西時，臺南竟然在時間的寶盒裡存活著那麼美麗的記憶，並成為很多人尋找記憶的寶庫。走在臺南的街道，速度是要比較慢一些的，因為慢下來，才能聆聽一切萬籟，然後，配合著臺南當地人的節奏，一間店、一個故事、一抹微笑、一段家常的談話，臺南生活才算具足了。

風潮音樂是擅於捕捉城市脈動的，藉著心靈的印象，搜集浮光掠影中跳動的旋律；音樂也可以是臺南最真實的心跳與呼吸，就像《時光迴廊》踏著與詩散步的心情，將那些感動與感觸，細細密密如細網般的印象，抽絲剝繭，譜成旋律。於是，我們都聽到時空膠囊裡的似水年華，如碎金般叮叮噹噹，輕輕瀉下。

慢下來，才能聆聽一切萬籟，
尋找到美麗記憶的寶庫。

捧一杯流籠茶

奉茶

有茶味的所在

林百貨開幕時，「奉茶」是臺南老店的代表；在日治時期，林百貨二樓販賣紅茶，地點也就在二〇一四年奉茶店面所在地。奉茶一直是府城文化商店的代表，老闆葉東泰對於茶的理念與臺南的愛，不僅只是一間茶樓的經營而已，對於府城藝文，他也是樂於參與。

在林百貨尚未開幕前，奉茶葉東泰就與南

林百貨裡，有茶味的所在。每一個飲品都有個詩意的名字。

方講堂，以及來自京都美濃青商社的社長若山先生，一起籌辦過多次藝文活動，有「詩禮樂的茶席」、「臺日茶道交流」、「芬芳八十一」（里千家茶道與臺灣茶交流）等，讓府城的人文有了國際化交流。也因此，林百貨的實質國際化，在開幕前就已經形成了。

① 藝文，是邀請人進來的，一如林百貨。
② 葉東泰在「詩禮樂的茶席」說茶。一碗茶泡出了文化的芳味。

在那場「詩禮樂的茶席」中，邀請的是臺南女中、家齊女中、臺南高商、臺南二中及臺南一中的代表，以及府城藝文界人士來參與，我與葉東泰以茶道論詩禮樂，陳慶隆老師以琵琶佐樂，高美華老師教導年輕朋友吟唱〈詩經．秦風．蒹葭〉。之後，又逢林百貨開幕八十一週年，奉茶與京都若山先生的里千家茶道師生做交流，並邀請八十一位外國朋友一起喝茶。這些活動，在林百貨甫開放、尚未正式招商營業時一次次的舉辦，尤其邀請來青年學子與外國人士，無非希冀，讓他們在飲一杯茶的靜定時間裡，也能深度賞玩林百貨的古蹟建築之美。

① 「詩禮樂的茶席」邀請府城年輕學子一同品茶。
② 「立於禮，興於詩，成於樂」，琵琶錚鏦，吟唱繞梁。

●賣一種青春，號作時行

林百貨電梯修復完成後，奉茶的葉東泰寫了一首〈府城流籠茶〉：

〈府城流籠茶〉
南國樓懸第一高
和洋百貨上時髦
神社鳥居五棧樓
流籠千金變老婆
二戰鎗孔抹袂平
林桑曾經夢相思
府城榮光閣再起
飲茶靜品歷史馨
跤是身軀的流籠
汗是拍拚的英雄

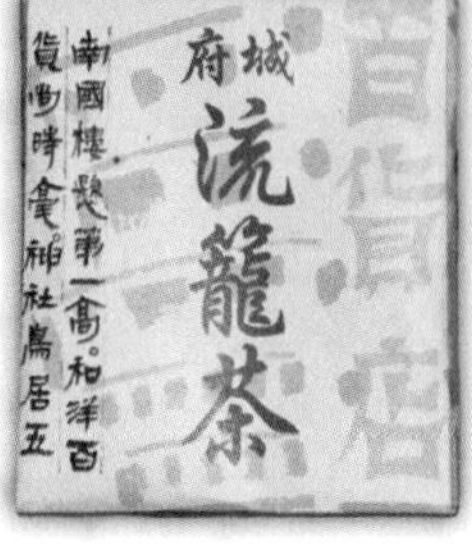

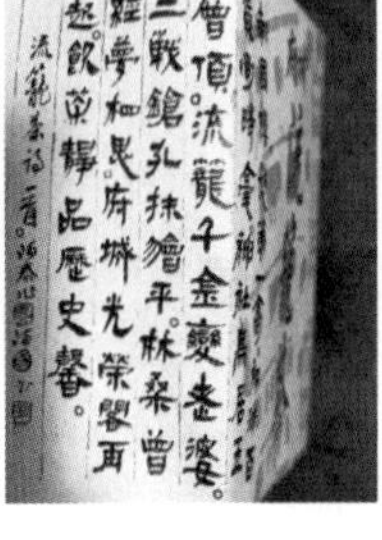

以詩佐茶，府城流籠茶外包裝。

奉請貴賓入來坐
茶佇心中聊聊仔哲

後來，他以詩為線索，製成茶包，就是奉茶駐林百貨店的特產品「流籠茶」。林百貨再開幕後，葉東泰也以詩來讚美這府城盛事。

〈林百貨〉
賣一種青春　號作時行
彼是 1932 年
臺灣南北　上懸兮車拚
他的總督心向北　佳哉
好的文化园佇遮
年代有遙遠的記持
時間束束仔作一堆

全美戲院顏振發師傅依樣重繪
日治時期的臺灣烏龍茶廣告。

每項物件　擁有一个美麗的生命
逐棧樓仔　呈現當初時髦的生活
彼陣
流籠是魔術的 kamena
阿婆揀入去　摩登的少女行出來
老伙仔挘入　傱出青春的少年兄

炸彈鎗子　捌當過手模
神社見證　時代的形影
Haiyashi 百貨店
有賣流行的慾望
嘛賣
未來的向望啊！

奉茶的詩，為林百貨的開幕寫下韻致優雅的一章。茶是時間淬煉的芬芳，以詩奉茶，這是林百貨的府城文化迎賓曲！

百年的茶香歲月

振發茶行

●百年悠悠一縷香

林百貨一樓的展示櫃裡，一方棉紙包裝的茶包，像是正字標記一樣的，安躺在帶有古意的玻璃罐裡。旋開手工玻璃罐，一股茶香便悠然沁入心鼻，那是振發茶行的百年茶香，芳香中，第四代嚴燦城阿公的愛與風骨，彷彿又栩栩如生地展現眼前。

振發茶行是臺南最老的茶行，目前負責人是第五代嚴鴻鈞醫師，嚴醫師的妻子周淑莉擔任店長。嚴鴻鈞平時另有本業，在成功路經營牙橋牙醫診所，夫人則是音樂家。嚴醫師夫婦接手茶行四年，對於茶界的努力及用心是眾所周知的。林百貨再開幕之初，邀請振發茶行一起加入招商團隊，嚴醫師有鑒於林百貨與振發茶行都是老店老精神，當場慨然允諾，相挺到底。自林百貨再開幕以來，振發茶行就是深具號召力的招牌商號，振發茶行方方正正的紙茶包，也是許多人趨之若鶩的伴手禮。

說起振發茶行的茶包，許多人不免想起嚴燦城阿公。座落在民權路的振發茶行，一直是很多老臺南人懷念阿公的所在，而我，在過去十幾年歲月中，與阿公更有著不解之緣，我時常在午後晃到老茶行，只為看阿公包茶。

百年老茶行與林百貨相遇。

老錫罐的漫漶鏽漬

靜靜的午後，東市場的喧囂人群已然散去，佐藤糊紙店前，偶有風吹動著一座座小巧的紙紮藝品，老香鋪的師傅，正在陽台翻曬剛捻好的香枝，這一刻的民權路，好像一下子都翻回過去的節奏，街道在市廛中鬧中取靜。振發茶行裡，嚴燦城老先生坐在木製櫃檯前，看著過往行人，阿公與店，有一份相廝相守的情分；振發茶行的歷史，就是阿公的一生，茶香中，寫滿他的青春、壯年與老來的回憶……

一八六〇年，嚴氏先祖嚴朱先生在五條港創立盛發錢莊，後來為人作保，使錢莊經營陷入窘境，不得已改做茶行生意，之後遷至民權路現址，因此之故，嚴氏便以「不得為人作保」的家訓警戒子孫。

茶行傳承至嚴燦城的父親嚴鐘奇那一代發揚光大，商業通路從產地採買到店頭行銷，一手包辦。早期從大陸進貨，品種為武夷山岩茶，當時茶葉裝在錫罐中，上貼紅紙並書字：狀元、榜眼、探花、金花、大王、古井、龍吟、虎嘯、青獅、玉樹……等等三十多個名稱，遒勁有力的字跡既標誌茶葉不凡的品等，也代表武夷山上的三十六崖，均是產茶寶地。

這些百年錫罐是振發茶行最具歷史性的標誌，每一位來這裡買茶的顧客，驚豔之餘，都忍不住要拍一張照片留存。早年經濟並不富裕，店裡無法一次購買這麼多錫罐，因此，每一個錫罐都是分期買下來的，大大小小不一，保存至今，彌足珍貴。茶罐裡先是裝著從大陸武夷山買來的名茶，隨著臺灣經濟起飛，茶園大量發展，焙茶的技術也凌駕對岸，從此茶罐改成裝滿來自臺灣各茶園的好茶。

錫罐依舊，茶香不墜，振發茶行的生意如川流水暢，蒸蒸日上。老錫罐如今已見斑駁且有漫漶的鏽漬，手工打造的凹凸表面，沉澱著滄桑的印記，令人發思古之幽情。

老錫罐漫漶的鏽漬，沉澱著滄桑的印記。

卜餘甘，不夜侯

一踏進茶店，木架上一整排錫罐是最顯眼的擺設，架上有一幅對聯——「家植狀元榜眼探花佳種／枝分北苑建谿小峴名區」，上聯說明茶種的品等，下聯述說茶葉的產地，橫批書寫「姓卜餘甘氏官封不夜侯」。雖然已無從考證對聯文句出自何人之手，但是，將茶擬人化，並冠以姓氏且封以官職的稱呼，十分有趣，百年老店的歷代主人愛茶惜茶之情，也於此可見。

木架前有一老式櫃檯，材質堅硬，因為歲月的挲摩，木質表面泛著亮光。櫃檯上面有一個方形小洞，每天市集忙碌之時，掌櫃就先將收取的銅錢、銀兩丟入其中，外人無法探手取

木架上的對聯，錫罐上的紅紙黑字，訴說著茶的身世。

得，等到打烊時，再由內側拉開結合板，取出銀兩，計算一日所得。這種古老的櫃檯，現今已成為珍貴的骨董了。

茶店最暢銷的是四兩重的茶包，日治時期烏龍茶是店內主力商品，現今依客群不同，茶品也多樣發展，第五代嚴鴻鈞夫婦開始研究更多樣的茶種，第六代繼承人嚴偉嘉也以科學化的數據將各種茶品的沖泡時間、分量等加以數據化。因此，目前振發茶行的茶品更朝多茶區、多品類發展。

●信義招財，以為記

在振發茶行裡，有一張嚴燦城阿公親筆寫的字條：「信義招財以為記」，那是阿公的座右銘，也是全家人奉行的生意道德。嚴燦城阿公在十八歲那年從臺南一中畢業，因為父親遽逝，毅然放棄繼續深造，扛起一家十四口的生計。年少的他，除了焙茶的家學功夫之外，更四處謙虛求教做生意的竅門，當時經營水泥、菸酒買賣等生意，忙得不可開交，那是振發茶行事業的高峰。

與阿公閒聊過往，最令人佩服的不只是他的創業能力，更可貴的是他保有老一輩人可敬的德行。做生意，他講究「信義」，所以凡「振發」二字，便是品質保證。經年來茶行買茶的顧客，沒有人試茶才買，因為阿公做生意的信用眾人皆知。振發茶行也因此在臺灣茶界具有崇高地位，十年如一日，他的有為有守，正足以為年輕一代的典範。

●歲月靜好，好歲月

在阿公在世的日子裡，許多個午後，我喜歡坐在這間老茶行的長板凳上，看著阿公包茶。阿公以熟練的技巧，將兩張白紙沉沉穩穩地包住茶葉，並整成一個方方正正的造型，然後蓋上印章：「元會境，振發茶行」。之後，又蓋上一個望之即甘的茶葉造型。赭泥的印刻，兩者都有百年以上的歲月，那是振發茶行的傳家之寶。

阿公為每一位上門的顧客包茶，我看著他包茶，什麼思緒也不想，只在紙包與茶香中發呆，這樣的午後可以驅走煩擾於胸的煩惱，沉澱空明的思緒，於今回想起來，真是很奢侈的享受了。人們說「歲月靜好，現世安穩」的體驗，不正是如此嗎？

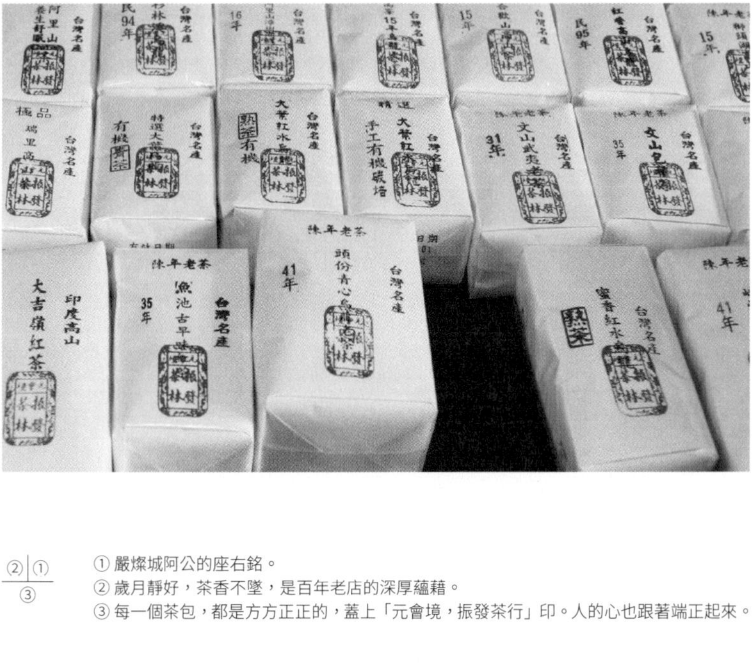

②│①
③

① 嚴燦城阿公的座右銘。
② 歲月靜好，茶香不墜，是百年老店的深厚蘊藉。
③ 每一個茶包，都是方方正正的，蓋上「元會境，振發茶行」印。人的心也跟著端正起來。

我仍然記得最後一次參與阿公的採訪記事，是國立自然科學博物館來錄影那天，遠流出版公司的王品小姐、奉茶主人葉東泰都在，阿公還買了水晶餃給大家吃。採訪小組請阿公示範包茶時，他站起來的身軀已經顫巍巍了，錄影的鏡頭下，我看到他微微抖著枯癟的雙手，我知道那時他的視力只剩下約莫零點一，然而，茶是他的生命，他可以不用眼睛，只用一份官行神止的心，去包攏那些散落在桌面上的茶葉，慢慢地立出一個有稜有角的典範——「振發茶行」正字標記茶包。好不容易包好茶，他頹坐下來喘息，旁人七手八腳為他蓋上振發百年的印記，紅泥沉穩如故。採訪小組說：「這一段錄影要送去德國巡迴播放，這是值得驕傲的老茶行紀錄。」

採訪那天，阿公送我一組珍貴的青花茶罐，上書「花開富貴」娟秀字體，彷如素手相贈的淡雅與寡言，至今仍是我珍藏的瑰寶。

●振發唯一，沒有唯二

阿公走後，第五代嚴鴻鈞醫師毅然肩下傳承茶行的使命，嚴醫師從小在茶行中長大，他仍記得小時候吃完早餐，外面的三輪車等著載他去上幼稚園，出了房間，只見烏壓壓的一片人牆，他走了半天也出不去大廳，振發茶行當時的盛景由此可知。接掌振發茶行後，他希望以「振發唯一，沒有唯二」期許，穩穩地做、穩穩地發展振發的老字號。

二〇一四年林百貨再開幕，振發茶行也以傳統茶包進駐一樓伴手禮，並且深獲觀光客喜愛。對於林百貨以古蹟經營文創，四年有成，嚴醫師也十分欣慰地說，能和林百貨一起為臺南傳統文化打拚，振發茶行與有榮焉。

遊走府城的日子，你是否也有一個那樣靜好的午後呢？如果你來林百貨，別忘了百年老茶行，有一方靜好歲月，以一紙茶包烙印著百年店章，為你等待。

第五代嚴鴻鈞夫婦與第六代嚴偉嘉，以「振發唯一，沒有唯二」穩穩邁步。

HAYASHI的曼波六部曲

物

老櫥櫃，訴說一段愛的信諾；
煎餅香，有著捨得的人生智慧；
那自動風琴的樂音，
散發童話的魔法光；
物件有情，像百寶盒般，
在林百貨展示最雅致的身段。

阿櫃回娘家

一九三二年的櫥櫃

●與一九三二年的阿櫃相逢

林百貨一樓「好客廳」，以居家親和的概念迎接每一位訪客，進入客廳的左側有兩座老櫃子，櫃內陳設著林百貨的伴手禮，如振發茶行茶包、黑橋牌香腸等。另一櫃，放置「為林寫詩」徵文比賽得獎的作品，正如當初企劃的文字：「林的過去，我來不及參與；林的現在，我想要更靠近。」每一篇都傾注著濃郁的詩情。對於這兩座老櫃子的身世與故事，更是引人充滿好奇。

兩座櫃子是李建畿先生所捐贈的，他的父親李錫銓與母親陳錦蓮，當年均任職林百貨。林百貨吹熄燈號時，林方一家族以象徵性的一塊錢讓李錫詮先生帶回了三座展示櫃。李先生經營骨董店，一直妥善保存著。

兩座老櫃子靜靜地等，貯滿府城人的
願望，重返林百貨，再次被看見。

二〇〇九年，李建鐖先生主動將櫃子捐給國立臺灣歷史博物館保存，到了林百貨再開幕時，經由黃漢龍老師的牽線，促成將櫃子重返林百貨。當時策劃活動時，企劃部曾芃茵副理便提議以一個女性的角色來設想主題，在眾人腦力激盪之下，「阿櫃回娘家」的活動便展開了。在林百貨邀請我為這兩座櫃子寫詩，記者會前四個月，我到臺灣歷史博物館看這兩座老櫃子。在博物館闃黑的倉庫裡，兩座櫃子布滿灰塵，彷彿歷盡滄桑的女子靜靜地蜷身一隅，半世紀的等待，紅顏已老了嗎？我蹲下身，凝視這兩座櫃子許久，腦海中翻湧著一九三二年的時光，那精彩的摩登銀座風華。

●在林百貨學做伙計

一九三二年李錫銓進入林百貨服務，那年才十六歲，他是林百貨第一代的員工，十幾年的工作歲月，與這間百貨公司結了不解之緣。

李錫銓三歲便寄人籬下，為求自立，很年輕時便懂得自我理財。李建鐖保留了一張父親在日治時期的郵政儲金保險單，戰後，曾遞予臺日交流協會受理，居然也領了幾千元的保金回來。在林百貨任職時，日本人酷愛保存文物的習慣，也影響了李錫銓，因此，李家收藏了許多珍貴照片、帳簿冊，節儉的他甚至利用林百貨的記帳單裁成便條紙使用。這些文物，後來成為回顧林百貨歷史很重要的佐證。

二戰時，二樓的主任吉賀幸一受徵召至南洋從軍，李錫銓因任事勤敏謹慎，破格升任二樓主管，以臺灣人的身分而被任用為主管，實屬難得。他負責在太平洋戰爭期間徵收各地物資至林百貨買賣，李錫銓常講起，終戰時，因為物資缺乏，為使二樓「洋雜貨部」有商品可賣，從外地批發了一百雙草鞋上櫃。當時老闆娘林とし說：「這麼氣派的百貨公司，竟賣起草鞋，實在很丟臉！如何上架呢？」沒有想到，物資缺乏到羅掘俱窮，一百雙草鞋一下子就銷售告罄，這真是林百貨的辛酸史，也是時代的悲歌啊！

戰火下的友誼

李建鐖小時候時常聽父親談起，一九四六年日本戰敗後經濟動盪的窘狀，當時離臺的日本人每人限帶一千

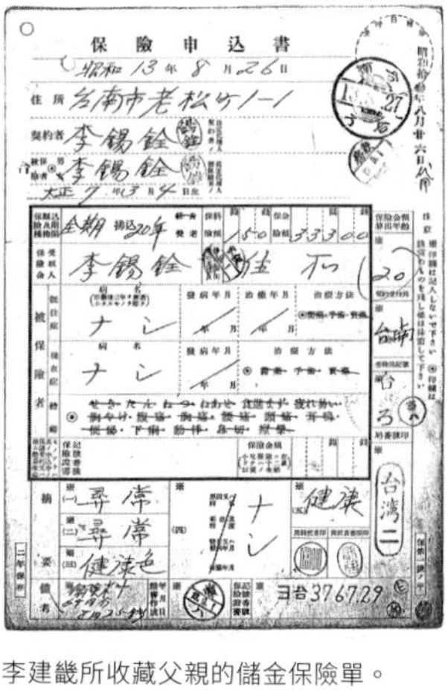
保險申込書
昭和13年8月26日
住所 台南市老松ケ丁一ノ一
契約者 李錫銓
李錫銓

李建鐖所收藏父親的儲金保險單。
（李建鐖 提供）

元及兩件行李，林方一的大兒子林一郎有十萬現金，不知如何帶回，於是請問他的丈人藤田武一（藤田是李錫銓的證婚人），藤田告訴林一郎：「李錫銓為人忠厚老實，是值得信任的人。」於是林一郎將這筆錢交代給李錫銓，存入彰化銀行。沒想到，之後遇到通貨膨脹，舊臺幣四萬元只能換一元新臺幣，林一郎的十萬元瞬間成了泡影。李錫銓在多年後到日本開同窗會，很自責地將這件事告訴林一郎，林一郎先生理解地說：「我都知道，臺灣發生的事我都知道……」

大時代的瞬息萬變中，許多事物消失了，但是，人與人之間的相信與扶持，卻沒有因戰亂而褪色。

一九四五年林百貨結束營業時，老闆娘林とし原有意要李錫銓接下經營百貨公司的重任。李建畿說：「父親當年還年輕，心想如何扛得起呢？」於是放棄了。後來，重感情的林とし將中正路的一間店面讓李錫銓經營，後來因故，才轉至永福路二段開骨董店。李錫銓離開林百貨創業，資金不多，於是聽從好友金上校的建議，開起委託行，接受中國兵的寄賣物資，買賣後抽成賺取盈利，後來委託行慢慢轉型為骨董店。當時來臺的大陸士兵帶來許多傳家寶物，李建畿小時候在家裡的櫥櫃見過不少珍貴的骨董，有純玉的朝珠、宋代玉璫，還有無數龍銀、足銀，都擺在這兩座櫃子裡。亮澄澄的足銀買賣一個就可以買一輛 Kawasaki（川崎）摩托車，李建畿笑著說：「當然，如果當時沒賣，以現在的市價，大約買一輛 BMW 綽綽有餘了。」

李建鐖至今仍保留著許多委託單，還有戒嚴時期控管收音機的申報單，都是難得的老物件呢。李建鐖的回憶裡，小時候的床櫃也是百貨公司的矮櫃拼合而成的。二〇〇四年父親過世後，骨董店結束營業，展示櫃原先有三座，一座被外甥網拍出售而不知所蹤，另兩座便寄放在妹婿六甲頂豪星特殊鋼的工廠倉庫裡。二〇〇九年，李建鐖將櫃子捐贈給臺灣歷史博物館，才使得這兩座一九三二年的展示櫃被保留下來，然後再由歷史博物館轉贈林百貨。

●他們的愛，從林百貨開始

李錫銓的妻子陳錦蓮，出身自臺南大行號恆升行，是陳大溪的女兒，恆升行位於本町，買賣進口南北貨。一九三六年她到林百貨任職，擔任領帶專櫃販售業務。李建鐖說，當時母親的手帕交王金霞，原是舅舅愛慕的對象，因為八字不合，遺憾沒有成就姻緣，由於王金霞家裡開設寫真館，所以留下許多珍貴照片。

從老照片中，可見到林百貨員工坐巴士旅遊臺南公園、秋茂園等地留下的身影，個個都是時興的穿著，不但打領帶出遊，還有沙灘排球賽呢！當時李建鐖的舅舅擁有來自德國的

Sachs 摩托車，可見一時的摩登與流行。

一九四三年李錫銓和陳錦蓮在臺南神社結婚，由百貨支配人藤田武一夫婦證婚。陳錦蓮嫁入時，戶口名簿上還登錄有隨嫁嫺（陪嫁婢女），甚至，後來李建畿阿公因賭博被日本警察逮到，這個不良紀錄也登記在戶口名簿上！想來，日治時期戶籍登錄的認真程度，真是不可思議。

林百貨結束營業了，兵燹也退去了，戰後，林百貨的員工各奔異地、各營生計，但是，他

①林百貨員工旅遊照，個個穿著時興。
②林百貨店內員工合影。
③六樓神社前的合影。
(皆為李建畿 提供)

們對於林百貨的記憶與情感，卻不會隨著戰爭結束就消失的。

幾十年後，有一天，一位當年的員工なみえんさ（岩佐浪江），從日本來臺南尋找舊時同事，她拿著老照片走過、問過每一間百貨公司，最後尋訪無著，在遠東百貨旁絕望地哭泣時，遇到光信鐘錶店的柯先生，一眼認出她手上照片裡的李錫銓，才告訴岩佐女士到永福路的骨董店找人。當年曾經攜手一起在林百貨打拚的員工，三十年的分離，多少滄桑坎坷與感懷酸楚，再相見的那一刻，一時全湧上心頭。李錫銓、陳錦蓮、岩佐女士三人老來相見，白髮蒼蒼，經歷生離死別，彼此擁抱、哭泣，久久不能自已。

什麼是真正的友誼呢？一場戰爭結束了，離亂中，一生一死乃見交情。他們甚至都沒有想到，林百貨會再度開幕。李建繖很深情地說：「童年時，曾以此櫃當床睡覺，全家對林百貨充滿懷念的感情。」

●阿櫃，水水回娘家

這些記憶，都是穿越時間與空間的珍貴感情，所以，當我為林百貨的老櫃子寫詩時，我的腦海裡不斷迴盪的就是李建織先生所轉述的這些故事，走至筆下，也一一鐫刻那情深義重的跨海之情。

詩句寫就時，面對中外記者會茲事體大，母語的書寫是最慎重的，於是懇請成功大學臺文所的呂興昌老師給予提點。呂老師替我逐譯時，當時的視力只有〇點一，他用放大鏡在電腦前，一字一句為我重新打字校正。改完詩稿那晚，已是深夜十一點，呂老師寫簡訊給我：「美霞，我改舒適了，你唸看看！若是不舒適，再告訴老師。」看著呂老師繕打的檔案，充滿著溫暖，一字一句彷彿都在告訴我，這一首詩是很多人默默牽成的愛。

〈阿櫃回娘家〉

阿櫃 [kuī] 欲離開はやし彼一工
最後　一蕊鳳凰花恬恬　墜落去
彼時陣，末 [buat] 廣町的秋天啊
驚惶，又擱恬寂寂
悉 [tshuā] 伊離開的彼个人

伊手內一箍銀提咧
阿櫃仔恬恬無一句話
目屎親像雨水滴袂離

はやし デパート結束彼一日
Liu-liu khok-khok，大項、細項
攏嘛只值一箍銀
阿櫃仔一身空 lo-lo
就 [tō] 開始流浪的日子
春天的花，開矣
秋天的風，吹佇茫茫的海岸
一日一日
阿櫃仔的心肝底攏咧數念過去
佇 1932 年彼時陣
阿櫃仔是店頭內婧噹噹的見本櫥仔
四四正正的腹肚內

林百貨再開幕媒體見面記者會上，朗讀〈阿櫃回娘家〉。

咧展覽胭脂、水粉、番仔火枝
siat-chuh［襯衫］、ne-khú-tái［領帶］，猶擱有
tshio-khu-lěh-tooh［巧克力］
斯當時，人人攏講：做人上歡喜
穿柴屐戴瓜笠去踅はやし
五層樓仔林百貨
華洋雜細真正濟
大家好耍流籠坐
府城繁華第一家

過去矣！攏過去矣
阿櫃仔離開了後
對骨董店
流浪到暗摸摸的倉庫
最後
乎人足感心的李建畿先生講

阿櫃仔真正是一个寶
伊的身軀頂有咱府城過去美麗的記持［tî］
這種婧，這種歷史
是咱祖先的驕傲
咱愛好好仔留落來珍惜伊
為著這个心
阿櫃仔來到臺灣歷史博物館
恬恬仔等
伊相信一定會等著はやし擱再開門的時機
六月十一這一工
紅 phà-phà 的鳳凰花擱再開滿府城的天
好親像為著阿櫃仔穿了一軀婧婧的新娘衫
今仔日阿櫃仔倒轉來
伊已經毋免擱再數念囉
阿櫃回娘家
はやし比以前擱較 phāⁿ

大細項物件應有儘有
はやし比以前擱較氣派
大人囡仔男男女女鬧熱滾滾
はやし比以前擱較溫暖
因為伊貯滿府城人的願望

阿櫃回娘家
阮雙手共你牽牢牢
阿櫃回娘家
阮雙手共你攬牢牢

這一擺
阮要乎你擱再看覓
看這擺眾人認真打拚
拚出はやし　デパート風華再現
創造咱府城美麗的新詩篇

線上聽美霞老師朗讀〈阿櫃回娘家〉，
請掃描 QR code
音樂：徐梅琴　混音／後製：牧歌音樂工作室

在「阿櫃回娘家」的中外記者會上，許多來自外地的記者朋友，用不同的語言趨前對我說：「我不完全懂得詩句的意思，但是，這樣的語調，像音樂一樣的旋律，真是十分美妙啊！」〈阿櫃回娘家〉是用我們的母語寫就的一首詩，文字間記錄的不僅是臺南林百貨一個櫃子的歷史，也是林百貨再開幕之後，一再一再述說的愛與故事。

李錫銓先生與陳錦蓮女士在林百貨相識，因愛結緣，歷經了半世紀以上的相攜相守，在他們的記憶中，林百貨是一幀永不褪色的版畫。李建畿說，母親年老時，因大腸癌纏綿病榻，與父親分床而眠，有一夜，她告訴媳婦，要與李錫銓同眠一晚，第二天，陳錦蓮便撒手而歸了，半年後，李錫銓也離開人世了。李建畿每每回憶這一段，就很感動地說：「媽媽最後一晚仍然留給最愛的丈夫。」執子之手，與子偕老，是生命中永恆的信諾。他們的愛，在林百貨開始，守著林百貨愛的記憶，而且，走到最美好的句點。

李建畿說，從小，父母親總是講述有關林百貨的事蹟，所以現在他才能一一轉述這些關於林百貨的林林總總，「相信父母親在天之靈知道林百貨再開幕，一定會十分高興的。」

什麼是愛呢？這些故事，滄桑多少年後，無論生生死死，魂魄都要深情歸來，彷彿微風拂過時的滿園馨香，讓今日的林百貨更具美麗了。

百年猶傳香

連得堂煎餅

求得百年老煎餅

林百貨百年好味的商品中，有一件十分難得的產品——連得堂煎餅，林百貨限定。老臺南人都知道，這家煎餅店是不求量販的商家，在連得堂買煎餅，一次只能買兩包。餅店負責人蔡偉忠說：「在臺南買東西，最好要有一份自制，不把別人想要的，都要光光。」語簡而理誠，那就是分享與成全。不要做得很大，彈性就會變得很大，不要求得很多，人就會變得

咀嚼煎餅的滋味，也咀嚼了分享與成全的生活哲學。

很富足，百年老店連得堂讓我們有了放空與分享的學習。

臺南人眾所周知連得堂「因為兩包，所以分享」的哲學，所以，能夠三顧茅廬，邀請連得堂與林百貨合作，實屬難得。陳慧姝總經理說：「臺南百年老店的精神值得學習，與連得堂的合作，也是對於臺南傳統生活哲學的一份支持。」

●老街飄溢餅香的午後

連得堂位於崇安街，那是鎮北坊所在地，區內聚落蓬勃，先民活動留下的古蹟如開基玉皇宮、興濟宮、大觀音亭、烏鬼井、元和宮、開基天后宮、縣城隍廟，仍屹然迄今。現今的崇安街狹小曲仄，僅容小型車輛單向前行，兩旁老屋或門扉深鎖，或斑駁古舊，那是一條很安靜的小巷，在城市裡，遠隔繁華的喧鬧。

而今，狹小的古街，近幾年時見找路而來的觀光客，他們時常在巷口問：「請問，賣餅的，置叨位？」精明的人都知道，要找餅店，不必以目指證，只要你站在崇安街口，濃濃的餅香就會告訴你：手工煎餅舖連得堂，到了！

連得堂餅舖沒有華麗的外觀，店舖只有幾坪大，大部分空間給置放那座幾十年的烤爐。店舖還保留當年雜貨店的痕跡，簡單的販賣櫃檯上有一張紙寫著：「每人限購兩包。」那是來店家購買的默契，每人兩包，不貪多，兩包的限制讓更多人有分享的機會。所以，來到這裡不僅是享受餅香，更重要的是，兩包的節制，能學習「捨得」進而參與分享。

連得堂原是沿街叫賣的小攤販，後來擴增為店家。第一代是蔡清連、蔡清得兄弟，他們向日本人學習做煎餅，才開始創業，第二代將店舖遷移到現址，第三代老闆蔡益勝除了賣煎餅還兼做柑仔店，販賣一些雜貨。第四代負責人蔡偉忠，大學畢業後在證券公司服務，前程看好，孰料父親突然中風，為照顧家計和父親健康，毅然決然回到家鄉，接手這家餅店。

●素生活，行乎生活

從光鮮時髦的職場，窩回這家百年老店，談起接掌家業，偉忠寬闊厚實的臉龐有一股安然愜意，他笑著說：「那年，我十月十五日離職，回到老家接手生意，十一月的時

候，回去證券公司找老同事，就覺得：哇，辦公室吹冷氣，好冷喔！」人都是因為際遇而對於生活、工作環境有不同的調適。我特別佩服這對年輕夫妻的生命彈力，古人有言「素富貴，行乎富貴；素貧賤，行乎貧賤」，對他們而言，「素生活，行乎生活；素本分，行乎本分」，那股「做就是了」的堅決與認分，才是一家餅店繼承的家傳志業啊！

做煎餅的SOP其實不難，動作也很簡單，但烤爐加熱後，倒麵糊、翻動烤爐、挑起熱燙起鍋的烤餅，烙印、裁切，然後以掌收餅，讓它形成微微的彎弧，置涼，這些動作，必須反覆交叉運作，每個環節都必須耐燙。烘爐內的溫度大約是攝氏六十度左右，在日積月累的簡單

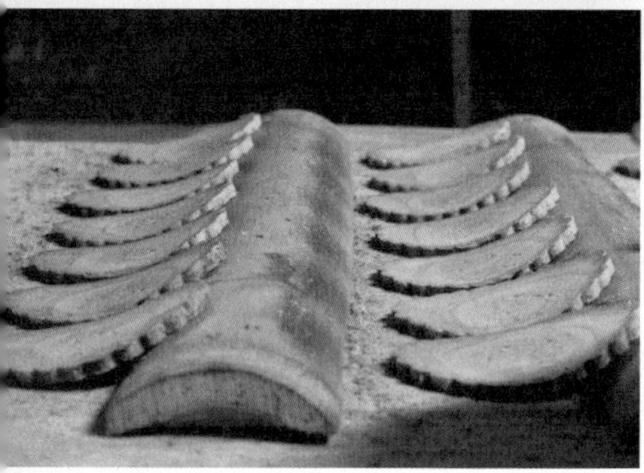

②
③
①

① 蔡偉忠手裡拿的，是連得堂的店章印模。
② 倒麵糊、翻動烤爐、烙印裁切，耐燙是必要的功課。
③ 以掌收餅，微微的優美弧形下，是職人的手作本事。

一餅一烙，絕不馬虎。

操作中，「耐燙，或是被燙傷，是必要的功課。」偉忠如是說。就是這份肯幹實幹的態度，才是百年傳家的精神。

林百貨與連得堂合作的煎餅，烙印的是林百貨的店章，這可是大費周章才定版的印記。連得堂的煎餅除了店章之外，沒有烙印過其他印章，因此，這次與林百貨合作，也可見百年店家對於林百貨的誠意。當然，為了使產品拿得出來、帶得出去，林百貨團隊特別設計傳統手提袋包裝的造型。正如文案所言：「連得堂煎餅，用料實在不加水，是簡單樸實的好滋味。」一餅在手，吃的不只是童年回憶，還是百年職人的堅持與用心的手感。

印著林百貨店章的煎餅，有著簡單樸實的好風味。

把時間帶回家

林時光鳳梨派

●時光的美麗印記

時間，是林百貨美麗的線索。十九世紀，百貨店於歐美各國紛紛興起，成為近代文明的展演場域，林百貨也在這個摩登文明的時間點上，站出標竿的地位。林百貨的建築，每個窗景、每個浮雕、每個壁面，處處都可見時間的美好印記。

林百貨在當年是一個華洋百貨，也是與歐洲同步的摩登文明商場；為彰顯國際性跨界合作，在二〇一四年林百貨生日慶時，特別邀請臺南晶英酒店法籍甜點行政主廚羅倫（Delcourt Laurent），悉心打造了林百貨「林時光鳳梨派」。羅倫曾在法國、中國、埃及、約旦、臺灣等多家五星級飯店擔任點心房主廚，專攻色彩繽紛的正統法式糕點及設計各種巧克力。他以「法式經典」的概念為基礎，融和當代糕點的巧思與主廚的創意，強調口味健康清爽，外型時尚別緻，並且以甜點製作與歐洲當代的飲食文化潮流同步。

來自法國普羅旺斯的羅倫說，小時候母親做食物，就特別注重原生與自然，普羅旺斯的物產豐饒，家鄉的印象就是充滿美麗的花朵、樹木、草原的一幅圖畫，家鄉的味道就是來自大自然的口感味蕾，所以，當他開始做甜點時，就一定會從土地選擇素材。他相信在地、原生的食材中有獨到之處，像嘉南平原很多水果都是做甜點的好材料。甜點，就是要讓人感覺很Sweet、充滿美好回憶的禮物，羅倫做的甜點，也是用浪漫的感情去對待的。

原生與自然，是羅倫主廚承襲家鄉對食材的堅持。

普羅旺斯和關廟的家鄉味

羅倫特別以南法經典鄉村甜點（basque pie）為概念，挑選了臺南關廟鳳梨為主要食材。關廟鳳梨是臺南在地特產，口感微酸，甜度飽和，且富有土產鳳梨的原汁原味，羅倫說：「在地的食材，最能表現地方性的口感。」而且，臺灣人一向喜愛鳳梨所代表的幸運符碼：「旺旺來！」所以，用它就對了。羅倫以純正法式的餅派選用鳳梨為內餡，中西結合的概念，也象徵著臺灣從昭和時期學習歐化，現今重新再續傳統、開創新局的縮影。

鳳梨派取名「林時光」，意味帶著歷史的甜酸滋味，讓人愛不釋口。林時光鳳梨派有三種食用方法，以常溫吃，品嚐原味最經典；冰鎮之後吃，在炎熱的夏天最消暑，有雙重口感；加熱後搭配香草冰淇淋，口感最豐富，每一塊鳳梨派都是美味而實在。

等待您，在時間裡歸來

為使林時光鳳梨派更具產品特色，禮盒包裝以林百貨的電梯（流籠）為發想。

林百貨是南臺灣最早擁有現代化電梯設備的百貨公司之一，電梯象徵的是臺灣摩登年代的開始，至今許多人提起林百貨，還會想起當年美麗的電梯小姐。對當時的臺南人來說，逛林百貨、搭電梯，就是新奇又時髦的休閒活動，有這麼一句話：「天下第一倯：戴草笠仔，穿淺拖仔，坐流籠。」電梯，是那個時代摩登風華的符碼。

林百貨電梯的正門上，有一個半圓形的燙金時鐘面板，指針來回擺動，心情彷彿也隨時間調整，月圓、月缺、等待重逢團圓的喜悅，隨著時間挪移而流轉。

打開精緻的盒蓋後，映眼就是一張林百貨地磚造型的彩色描圖紙，整體風格就是道地正港的臺南味。林時光禮盒的設計，提醒每位朋友：每個月圓時候就是林百貨團圓的時刻，臺南，等你回來；林百貨，一直都在。

①
②

① 林時光鳳梨派禮盒上，有著從月缺到月圓的圖騰。指針電梯的摩登符碼，也融入在設計裡。
② 關廟鳳梨內餡的酸甜滋味。

彩繪的溫度

全美戲院師傅手繪廣告看板

●林方一與全美戲院

林百貨做為文創百貨，時常設想以趣味且有深意的方式，來表現創新的設計力。比如，透過與全美戲院顏振發師傅的合作，將「新商品」用「舊廣告」呈現。

林百貨與全美戲院是很有淵源的。林百貨的創辦人林方一先生早年從山口縣來到臺南打天下，先在日吉屋吳服店擔任帳房。工作八年後，日吉屋老闆馬場德次郎提供大宮町一丁目二番地讓他開店，從事吳服批發兼零售生意，這個店面的舊址，就是現在全美戲院對面那塊空地。後來，又在大宮町一丁目八十六番地，也就是全美戲院的現址，開設林方一商店小賣部，零售商品；昭和七年，另在現今民生路一段，當時的錦町二丁目六十七番地開設分店。因此，全美戲院可說是林方一在臺南白手起家的起基地。

全美戲院創立於民國三十九年，前身是「第一全成」戲院，後來吳義垣接手改為「全美戲院」，現今負責人是吳俊誠。全美戲院奠基臺南七十年，是臺南戲院發展史的共同回憶，也是臺灣之光李安導演電影夢的啟蒙地。

●登上紐約時報的彩繪師傅

林百貨與全美戲院的合作，喚起許多人美好的記憶，顏振發師傅是國寶級的手繪電影看板畫家，傳神的繪畫功力，讓年輕一輩驚呼「簡直是神人」！

二〇一六年，顏師傅的手繪看板登上美國

顏振發師傅手繪「宮古座」（今延平商業大樓），是日治時期的臺南四大戲院之一。

① 顏師傅為林百貨手繪的廣告看板，有濃濃的懷舊風、新創意。
② 學生們將廣告看板穿上身，參與大遊行。
③ 立體得教人想端來喝一口的咖啡。
④ 舊來發椪餅和振發茶行茶包，也畫進了看板。

《紐約時報》，引發國際報導熱潮。他在林百貨各樓層親筆手繪的看板，讓每一個產品都有了故事，無論是林百貨自營的長紅專賣商品，或是新銳設計師品牌，都栩栩如生地呈現在他的畫板上，其中一張畫布裡的那杯林咖啡，立體得教人想立即拿起來品嚐呢！

顏師傅為林百貨畫的二十四幅看板，包括熱銷的椪餅、林咖啡、復古洋裝等文創商品，在林百貨二〇一七年大遊行當天，由崑山科大公廣系學生扮演廣告人展現，也成為吸引觀眾拍照的亮點。

●電影的黃金時代

談起顏師傅的手繪看板，與戲院的風光史息息相關。三、四十年前，正是電影的黃金時代，臺南的西市場，人稱大菜市仔，當時就有一條戲院林立的熱鬧電影街。在娛樂甚少的年代，各家戲院幾乎是天天爆滿，因此也帶動國華街一帶的小吃攤位櫛比鱗次地開業。在電影全盛時期，臺南擁有二十幾座獨棟式戲院，當年電影《梁山伯與祝英台》曾締造七十二萬觀影人次、八百多萬票房；隨著戲院的風光，戲院外的巨型「扛棒」（手繪電影看板）也一一搶灘電影街的天際線。之後，大小戲院不敵新興媒體，一間間黯然落幕，顏師傅就是在這股風潮裡，看盡電影的高峰與谷底。

顏振發師傅來自臺南縣下營鄉甲中村，小時候喜歡繪畫，初中一年級時生病輟學在家，那時唯一可以讓他忘憂的，就是看報紙的電影廣告或電影畫報，然後拿起畫筆，依樣畫葫蘆。不學自通的他，慢慢也畫得有模有樣了。十八歲時，姑姑發現他繪畫的天分，經由友人介紹，向臺南延平戲院的陳峰永師父學畫電影看板，從那時開始，他便正式踏入手繪電影看板的行業，至今將近五十年。

當時，戲院生意炙手可熱，院線片每半個月就換一檔，看板也得跟著換新，每張看板大小都有半個牆面以上，因此，每個月平均約需求五百多塊看板，工程之浩大、耗費之人力可想而知。當時每間

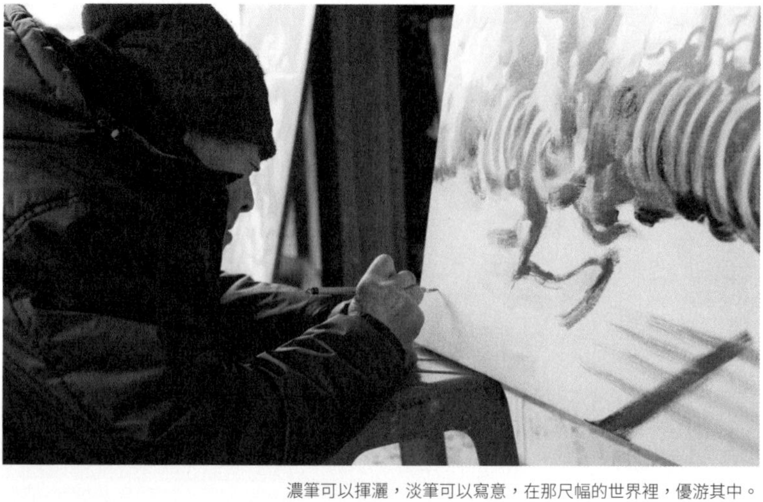

濃筆可以揮灑，淡筆可以寫意，在那尺幅的世界裡，優游其中。

戲院都有好幾名師傅及學徒，一塊畫布每週塗白了又抹上新色，油漆累積厚度高達五公分，見證了當年電影業的興盛。手繪師傅為了趕進度，時常也都是沒早沒晚的，忘了吃飯。顏師傅說：「當時最累的時候，連續六天趕三十多幅巨型看板，也就是將近兩百幅小圖，少年時真是拚啊！」

手繪看板師傅的收入微薄，工作的流動性也大，顏師傅在延平戲院畫了兩年之後就去當兵，當兵回來又到統一戲院、中國城戲院、潮州新山戲院畫了三年，後來到臺南王后戲院、南臺戲院又畫了幾年，來來去去的日子，讓他看盡了戲院的興盛與衰落。

●《丹麥嬌娃》和《奇異博士》

顏振發師傅的第一幅作品是《丹麥嬌娃》巨幅畫作中的小房屋，到後來功夫了得了，才開始畫人物，像《死對頭》、《黃飛鴻》都是他的典型創作，他也把完成整幅《丹麥嬌娃》當作自己很重要的里程碑。《奇異博士》則是他最得意的作品，他時常指著《奇異博士》的畫面說：「像這樣的彩度、明暗、立體感，至今手繪看板界還無人能及呢！」

十八歲開始畫看板，姜大衛、狄龍、王羽這些電影明星是他永遠難忘的畫面。我們難以想像，在他畫出這些或叛逆、或桀驁不馴的明星時，他的心中想著什麼？顏師傅只是笑笑地說：

「能做這樣的明星，很不錯啊！」

全美戲院的吳俊誠經理從小學一年級便搬到全美戲院住下來至今，戲院換過許多位手繪看

顏師傅當年所繪巨型電影看板。人物像得要有一定功力之後才能畫。（吳俊誠 提供）

板師傅，後來父親吳義垣邀請顏師傅來全美繪畫看板，到現在已經幾十年，他與顏師傅的感情不像老闆與員工，更像親近的一家人。顏師傅越畫越有心得，與全美的淵源也越深刻。相較於許多位手繪看板師傅，顏師傅是安靜的，吳經理形容：「顏師傅是一位做事很沉穩的人，總是默默在自己的角落畫著。」顏師傅對繪畫充滿熱情，又是一位不看重錢的人，在狹窄的工作室裡，日日夜夜栽進一個繪畫的世界，寡言的他，應該是樂在其中的。

●永不乾涸的顏彩

歲月過去了，隨著大環境的改變，電影手繪看板慢慢走入時間的幽巷裡，顏師傅指著畫室後方窄小樓梯通道間的一幅幅作品，說：「這些是我最近心有所想的超脫現實的畫作。」清晨，室外的陽光灑落在那些畫布上，顏師傅很熱情地解說他繪畫時想像的世界，一幅幅作品像是解除了封印，在眼前活跳跳起來了。濃筆可以揮灑，淡筆可以寫意，顏師傅在那尺幅的世界裡，放入了很多通關密語，只有當人們走近、屈身詢問時，寡言的他才會一一說起繪畫的故事。

顏師傅曾經因為健康因素，想從手繪看板的工作退休，吳俊誠經理因此便想到為他開設學徒班，成立手繪看板研習營，一來，為他打氣；二來，也讓他賺外快。消息一出，吸引了許多年輕人來學畫，年紀最小的是小學三年級，也有七十歲的學員。

目前顏師傅大約有三百名學徒，手繪班每個月開設，累積至今，也造就不少成績優秀的學徒，像吳昊澤、張維哲、吳旭芬、楊舒惠等。昊澤有空時，會來幫忙顏師傅畫看板；張維哲經營COZY HOTEL，是個中佼佼者，來住民宿的旅客都可以欣賞到他的手繪看板作品。不過，大部分學徒畢竟只是業餘，顏師傅漸漸也曉得豁達了，他說，如今九成九以上的戲院都是電腦影像輸出，不可能把手繪看板當作一種職業了。

●在《起家》的微笑裡

在全美戲院辦公室，顏師傅與吳經理翻閱著一張張有歷史故事的電影海報，他們夢想有一天，這小小一方天地可以成為電影博物館，讓人們從這些手繪看板、電影歷史資料中，看見曾經風光的臺灣電影史。全美戲院對於臺南人和顏師傅而言，不僅只是一家商業型的戲院，更是臺南人共同的回憶，海報上的《蚵女》、《養鴨人家》、《彩雲飛》、《海鷗飛處》、《秋決》、

街道一隅，張貼著手繪看板研習營學生的作品。

《汪洋中的一條船》、《王哥柳哥遊台灣》，每一幅看板，都是一面時空的花彩菱鏡，帶著我們旋入那如癡如醉的往日時光。

走過海安路，在年輕人藝術造街的路上，看到顏師傅畫的《起家》，男男女女一排人，笑盈盈地，雙手在頭頂上拱成一個屋頂的形狀。顏師傅筆下的臺南人，便是如此吧，護持著一個願望、一個想法，一個美善，即使經過歲月的淘洗，顏色褪了，光彩不再亮麗了，但是，心總也不老！

沒有成家的顏師傅，孑然一身，吳經理常笑稱他是愛自由的，永遠的十八歲。顏師傅希望有生之年能為自己的作品籌辦一個專屬的畫展，畫展中，不僅展示他的手繪看板功力，也有他累積好幾年的超寫實油畫。顏師傅在他的自畫像中，光與影交錯的筆觸，揉合了印象派的陽光，也畫出嚮往遠方的眼神。他在繪畫的世界，正沉思、踏步，且微笑呢。

樂器搖搖樂

比利時街頭風琴

●那令人驚喜的 Spotlight

在林百貨舉辦的諸多活動中，偶爾總會有一、二個不速之客，它們不在發想之中，卻是異想之外，由於這樣的亮點，像 Spotlight 一樣，啪的一下！嘩！光來了，成為某個季節撒花一樣的亮點。曾芃茵副理常說：「這就是在林百貨辦活動的樂趣與成就感，你永遠想像不到什麼時候被撒了滿天亮晶晶的花朵，賓果！永遠帶來幸運！」是啊，神奇的亮點總是降臨這個創意十足的百貨公司。

二〇一七年林百貨生日慶時，身為藝文博物館地標的臺南奇美博物館，為祝賀林百貨八十六歲生日，特別在一樓「好客廳」展出來自比利時的自動樂器——街頭風琴。這架街頭風琴，吸引了許多人潮與目光，讓林百貨充滿歡笑，也讓奇美博物館的展品深入到常民生活之中，引起許多好評。

街頭風琴是歐洲中部的傳統樂器，大約有兩百年的歷史，是早年歐洲街頭娛樂的一景。街頭樂器為了方便在熙來攘往的市集與街道穿梭演奏，音色必須宏亮且輕盈。街頭風琴最早是使用木滾筒，滾筒轉動，旋律就隨著滾筒上的刻齒演奏出來，也因此只能演奏滾筒上固定的十首樂曲。歐洲城市興起之後，商業興盛，賣藝者也隨著商機四處遊走賣唱，到每個地方都是新鮮的演出，在不同城市帶動不同歡樂的人群，其實十首歌曲綽綽有餘了。後來，街頭風琴仍用於街頭賣藝，但移動的頻率卻不如以往，定點演出後，長時間都在同一群聽眾面前表演，如何將曲目翻新，成為必須的改變。

基於推陳出新的因素，再加上成本考量，現今的街頭風琴都改成硬卡紙的打洞紙捲，或是折頁式紙卡，以取代木滾筒。比起木滾筒，紙捲或紙卡不但價格較低廉，而且容易更換、易於攜帶。街頭風琴從此更容易打入一般市井街巷，曲目數量也不受限制，曲目選擇上除了傳統樂曲，也包容更多的當代流行音樂，更顯多元而親民了。

沒有過多的混音裝飾，街頭風琴的樂音顯得特別純淨、有親和力。

●比利時來的街頭嬌客

「比利時街頭風琴」來到了林百貨，特別挑選演奏一九三〇年代鄧雨賢創作的經典曲目，有〈雨夜花〉、〈望春風〉、〈一顆紅蛋〉、〈四季紅〉等。為了每天定時演奏，林百貨還派出幾位樓管，親自到奇美博物館學習維護及播放樂器的技術。在記者會當天，樓管家豪穿著林百貨的制服，戴著中世紀復古的小盤帽，有模有樣地演奏鄧雨賢的〈四季紅〉。紙卡音樂特別有一種舊情綿綿的親和力，沒有過多的混音裝飾，就那麼一個音符、一個音符慢慢地滑過心田，像小時候爸爸的大手安穩地牽著自己的小手，走過老老的街巷，懷舊的音樂贏得在場所有人的掌聲。

演奏過後，與會的人都很好奇，要這樣以持續穩定的速度，慢慢推送、輪轉，才能將一首樂曲完整播完，乍看之下很簡單，其實很不容易做到。我問了諸位樓管，如何辦到的？沒想到他們一洗平日嚴肅以對的態度，右手在空中緩緩畫了一個大圓形（推送風琴的弧度），然後以冷面笑匠的姿態對我說：「我們已經練到有制約反應，看到樂器就會畫圓圈！」這個職業病也太可愛了吧！林百貨員工的敬業態度由此可知。

音樂盒的童話魔法

從二〇一七年十一月二十二日至二〇一八年元旦，每天上午十一點和下午三點、假日晚上八點演奏前，林百貨的一樓好客廳總會聚集一群等待演出的觀眾，剛開始只是幾位好奇的觀光客，後來許多父母親會帶著幼小孩子特別來看演出。只要演奏者開始轉動音樂紙卡，圍在街頭樂器身邊的小小孩，每個人都睜大晶亮的雙眼，看著這個神奇會哼歌的音樂盒。在那播放音樂的短暫時間裡，彷彿聚集了仙女棒的魔力，讓彼此不認識的人們站在林百貨的一隅，看見了光！音樂播放完畢，孩子們還是捨不得離去，他們會在方形的樂器旁磨蹭環繞、上下端詳，好像期待這個會說話的音樂盒，再度吐出歌來！

這個景象，是我在林百貨最喜歡的一景。小時候讀童話，看到賣火柴的小女孩，在冰冷的暗夜為自己燃起一點光，藉著光，她聽見聖誕歌聲響起，也聽見親愛的媽媽呼喚她，然後賣火柴的小女孩永恆睡去了。我一直覺得無論人世間多麼苦難，我們都要有相信童話的能力，或者創造童話世界的夢想。做一個愛童話的人，沒有資格說絕望，只要相信人世的燈火尚在，就可以堅持走出一片蔚藍的天。或許受傷了，掉幾滴淚無妨，喝一些記憶裡童話的水療傷，天明了，烏雲也就過去了。這或許也是許文龍先生小時候來到林百貨看到的吧，這裡是夢想的起點。

值得一提的是，林百貨的演奏紙卡是特別訂製的。奇美博物館的創辦人許文龍先生熱愛這種帶有素樸與常民色彩的樂器，而鄧雨賢的經典名曲也是許文龍先生很喜歡的音樂。一九三〇年代的林百貨，是年幼的許文龍時常來走走看看的新奇賣場，當時的他一定不會想到，有一天，這份愛帶來林百貨歲暮裡滿滿的歡樂！

①
②

① 演奏者持續穩定地轉動齒輪，街頭風琴就會像魔法音樂盒一樣，帶給眾人歡樂。
② 透過滾動紙卡上的洞口刻度，可以演奏出不同的旋律。

我，就是我的品牌

林百貨自營商品的語彙

●誰知眼前物，樣樣皆辛苦

在林百貨的眾多好物中，自營商品也是最有看頭的。我曾拿起這些吸引眼光的商品，愛不釋手地問：「這麼好的產品，怎麼開發的啊？」只見眼前一排工作人員立即睜著圓眼、臉帶深不可測的神祕表情看著我。「不能說？」我是丈二金剛摸不清狀況，他們卻一副「佛曰：不可說」的樣子。然後，幾秒鐘的靜默後，又一個個如瀑泉般爭先恐後地說起來（還是告狀？），每項產品背後的辛酸開發史、工作血汗史，還有創意激盪史，眾聲喧譁，一發不可收拾。

和林百貨的工作團隊談話，其實是很充滿氧氣的，因為他們永遠像爬高山、涉激流、洗清泉一樣，充滿爆點。這個團隊是成功的，也是很激盪的，因為，領導者陳慧姝是慈愛的媽媽，也是絕對的完美主義者，養成了團隊使命必達的絕對任務感。

鳳凰花絲巾

林百貨的第一件行銷商品，要從明林蕾絲的鳳凰花絲巾談起。林百貨還在籌備階段時，陳慧姝總經理與九人顧問團利用一年時間，每個月的兩天晚上，腦力激盪到深夜，為林百貨找定位。當時的共識是，鳳凰花最能代表臺南的意象，陳慧姝說：「鳳凰花成為林百貨的圖騰，必須要有華麗的高貴感。」而且很直覺地選擇了刺繡做為表現手法。甚至，她一再與明林蕾絲溝通，找出可以代表刺繡的高貴感，就應該用絲綢來襯底。一切都是理想的，而且絕對正確，但是，為了追求品質，所費不貲啊，不包含裱裝，這些蕾絲就花了二、三十萬。美感與華麗沒有更便宜的替代嗎？「沒有！」陳總的審美與直覺是篤定的，後來證明：這個堅持是對的！

林百貨尚未開幕前，代表臺南參加二〇一三年深圳的文創

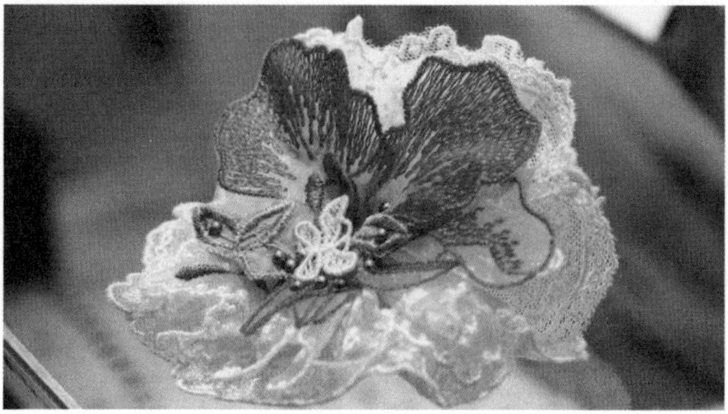

蕾絲緞做成的鳳凰花飾，有一種華麗的美感。

博覽會，這款鳳凰花蕾絲，為臺灣印象打出一個閃亮的成績，也在文博會的國際現場讓人看見臺南的風華。

總經理紅豆湯

自此之後，無論是購買一樓好客廳的骨董傢俱，或是各樓層的展示配件，陳總的直覺就是品質的保證。這份直覺來自於多年累積的職場經驗，但是，母雞帶小雞似的投入自營品牌，仍然是勇力急追的一段艱辛路。

就拿一個小小自營的商品——紅豆湯來說吧，當時五樓以「臺南好味道」為主題的專賣店，團隊決定收回來自營，一時間陷入「賣什麼好呢？」的腦力激盪裡。有一天，陳總從家裡帶來一個大同電鍋，並且下達了一個使命：「去買三公斤臺南市最好的紅豆，和最好的紅糖！」好在這個團隊對臺南熟門熟路，一下子就在水仙宮市場附近的金泉成百年老店，找到又圓又大的紅豆。王惠卿經理說，去老店買紅豆時，老闆從冰箱拿出紅豆說：「這款優質的紅豆，我一年也賣不出兩斤！」此事再度證明：凡林百貨出手，品質必佳！

當然，最有感觸的是林百貨的工作團隊，自此有一、兩個月，他們天天都在吃紅豆湯。「夠軟嗎？」「太糊嗎？」「喜歡顆粒感？」「有嚼勁嗎？」紅豆湯啊，已是纏綿的相思記憶！陳總不厭其煩地一試再試，還勸他們：「吃紅豆湯對身體好！」像媽媽一樣的呵護，暖了大家的胃，但是，在要求商品呈現的品質時，她又像是個巨人，一百分再加碼。所以，現在林百貨五樓冬天時最夯的紅豆湯，應該正名為「總經理紅豆湯」。

●成功，來自於細節

所有的成功來自於細節，一碗紅豆湯都這麼眾志成城了，其他自營的商品更是不用說。

以林百貨的 Logo 為主的系列商品有：林錢包、林包子……等，其中林包子是臺南在地知名的克林台包製作的。當時，為了能夠在包

林包子改為收口在下，只為呈現印章的完美弧度。

子的圓弧表面呈現絕對美感，包子的做法改成收口在下，而且，光是林 Logo 的章就不知刻了幾個。為了自營販賣，團隊的主管，每個人都去克林台包的工作檯練習蒸包子，光是每天上上下下舉蒸籠，就夠折騰人了。不過員工說，那陣子天天吃實驗用的包子，還真不賴！

林百貨制服

其實，這份堅持的細節，還不僅止於商品，林百貨廣受喜愛的制服，也是堅持品質下的產物，制服出自知名設計師竇騰璜之手。竇騰璜的兜空間就在林百貨旁，他看著這棟老建築將近二十年，對於林百貨的氛圍和元素本來就十分熟悉。他覺得那個年代的建築是和洋折衷式的裝飾藝術風格，整體有謙和優雅的美學，因此，在設計林百貨的制服時，就希望有這種氛圍的融入。

他選擇帶著貴氣的海軍藍，霧面的材質，搭配代表臺南鳳凰花的橘色翻領，可以看到兩者在對比中顯現的語彙，是呼應那個時代的臺灣生活及文化背景。臺灣從荷蘭、明

海軍藍，搭配橘色翻領，林百貨的制服在沉穩中有亮麗的活潑。

清、日本統治，到現代，整體文化一直在多元中對照出自我的特色。橘色緞面閃亮的質感，代表現代臺南的精神，藍色則是凝定的視覺，就像臺南的傳統人文帶來的穩定能量；藍色與橘紅色是互補的顏色，也正是臺南兼容並蓄的精神。

打樣後，為了完美做出理想中的制服，特別商請臺南企業量身訂作，而且，為表現穿著的質感，領口的高度經過幾次修正與調整，才終於拍板定案。只是一件制服，卻是每個細節都有品質的堅持。竇騰璜設計師看到製成品時，也不得不讚歎地說：「真是高成本的製作！」所以，這套制服可以感染很多人，得到很多認同。制服如此，至於其他自營商品，品質控管自也不遑多讓。

林 logo 限定商品

林百貨創辦人為日本山口縣人林方一，一九三二年十二月五日百貨正式開幕，林方一先生便用自己的姓氏「林」做為招牌，林字亦有「南」的日文含義，隱喻南臺灣最大的百貨公司之意。二〇一四年再開幕的林百貨，沿用昭和時代的特色招牌，團隊將「林」字以喜氣的紅色呈現，做為林百貨獨家品牌形象，開發多種「林限定」周邊商品。印上了大大紅紅的林 logo 紀念品，包括椪餅、立體卡、御守、汗衫，以及與合成帆布聯名開發的帆布袋系列商品等，都因

為只有在林百貨才能買到，別具特色，深受觀光客喜愛，成為來臺南必買的伴手禮之一。

林百貨建築物系列商品

林百貨座落於臺南銀座末廣町，落成時是臺南市的最高建築，自外牆建材到館內地板，處處展現當代的摩登文明。林百貨產品開發部門 Focus in 創意生活平台，以林百貨古蹟建築體為基礎，將具有歷史文化意涵的建築元素創意延伸，穿越一九三〇年代的時空，做成資料夾、微型積木等，讓文創商品以更活潑的形式閃亮登場。

林百貨插畫比賽系列商品

自林百貨再開幕以來，許多民眾喜歡以攝影、寫生來記錄林百貨，促成了二〇一五年開始舉辦的林百貨插畫比賽。連續兩屆以來，如雪片般的投稿作品中，窺見大眾對於林百貨熱切的珍惜之情，更發現臺灣實在人才濟濟。團隊經過討論，決定為優勝者開發商品，也讓

林 Logo、建築物、插畫比賽、林娃娃等自營商品，充分展現創意。

喜歡林百貨的民眾有了參與設計的機會，這些創作後來正式成為林百貨限定商品，有卡哇伊貼紙、磁鐵貼片、筆記本等，市場反應極佳。

林百貨娃娃系列商品

文史收藏家潘元石老師所提供的人型娃娃木牌，是潘老師小時候與母親一起逛林百貨三樓童裝部時，店員送給潘老師的禮物，相隔五十年後，在母親留下的箱子裡發現，仍然完好如初。Focus in 創意生活平台將此人型娃娃形象重新電腦繪圖，開發林娃娃馬克杯、面膜等，復古討喜的風格廣受好評。

在林百貨的自營商品中，最難得的是除了團隊自身不斷腦力激盪、研發實用性的產品外，他們也提供 Logo 授權，讓其他的創意團隊可以用林百貨系列圖騰開發文創品，如守宮設計、好綻設計、百繪設計、歐富設計等，這些年輕團隊的商品都非常優秀。大家大手牽小手一起努力，這也是林百貨精神可貴之處。

的新面紗。
是府城掌中閃閃發光的寶盒，珍藏許
記憶和夢，兩次寫下美好動人的故
逢的路上，喜迎你回來！

HAYASHI的曼波六部曲

人

物華流走，世事變遷，
在大時代的顛沛流離中，
林百貨像一位老爺爺，
以他的雙眼，靜看這些滄海桑田。
時空帶走的人事，
因為這座再起風華的百貨公司，
唯美的故事，再次歌未央。

玩沙包的小女孩

秀枝阿嬤的回憶

老記憶的活字典

林百貨再開幕後，勾起許多老臺南人的回憶。其中誠美地產開發董事長陳百棟的母親范秀枝女士，民國二十年生，今年八十八歲，自小在林百貨附近就學、踅街；林百貨開幕後，她來到舊時地往返流連，許多兒時的回憶一時齊上心頭。

我們都稱范女士為秀枝阿嬤，在臺北建築

秀枝阿嬤滿滿的回憶，一幕幕定根在老臺南的畫面裡。

界打拚四十二年、蓋了三十幾棟房屋的陳百棟，幾年前返回故鄉臺南，不僅推出建案造福鄉里，而且積極投入認養陳德聚堂，活化在地文化園區。他多次與母親同遊林百貨，秀枝阿嬤如數家珍的舊時記憶，讓人歎服。談昔說今，阿嬤簡直是一部活字典。

在秀枝阿嬤的印象中，舅舅非常疼愛他們兄弟姊妹，會到林百貨買珍貴的洋服給他們當作新年禮物。林百貨是販賣高檔貨的華洋百貨，不是一般人消費得起的，疼愛她的舅舅買給她的那套洋服，因此成為她一輩子的珍寶。那件洋裝是毛料的、淺米色的，淡淡柔和的色澤，至今她都還記得當年用手和臉揉蹭、撫摸衣服的柔軟觸感。

●有綠樹的餅乾盒和紅豆麻糬

有時，兄弟姊妹生病了，當醫生的外公幫他們看病，如果要打針，擔任助手的舅舅就會拿出從林百貨購買的鐵盒餅乾，一塊一塊讓他們吃個過癮，那餅乾洋溢著甜甜的奶香，真是好吃啊！秀枝阿嬤說：「那時打針再怎麼痛，我都不會哭！」餅乾鐵盒上彩繪的綠色搖曳樹身，她到現在都還記得。

小學三年級時，秀枝阿嬤一家隨父親來臺南州廳就職，剛從鹽水來到府城的第一年，她是足不出戶，第二年，她就讀五年級，任公職的父親每週會給零用錢，讓她和哥哥、弟弟去逛林百貨。拿到零用錢的他們飛奔似地衝向林百貨，那真是一個美麗的天堂，她小小的眼珠子總是骨碌碌地轉悠，每樣東西都看一看、摸一摸。

秀枝阿嬤最喜歡一樓電梯旁擺設的那件日本和服，她說：「那個金蔥線織成的布匹啊，我覺得是世界上最美的錦緞呢！」阿嬤也喜歡林百貨的蕾絲，一捆一捆的蕾絲，旋轉著變化多端的花紋，年幼的她雖然不知道蕾絲可以拿來做什麼，但是，她覺得蕾絲總是充滿幸福感啊。每次看完和服、蕾絲，哥哥、弟弟就拉著她坐電梯上五樓吃大餐，男生都吃一大份的番茄蛋包飯，也就是當時俗稱的「紅飯」，她則是喜歡簡單的輕食，尤其是熱熱的紅豆湯。「湯裡的那塊烤麻糬，用湯匙拉起來，會牽絲呢！」那是阿嬤吃過最好吃的麻糬。

●お手玉和千人針

在林百貨的商品中，還有一種玩遊戲的沙包（お手玉），是阿嬤唯一買過的商品，小小的

①
②
③

①「臺灣總督府登錄寫真家」李火增先生鏡頭下的末廣町和林百貨。（出自《看見李火增：薰風中的漫遊者・臺灣 1935~1945》）
② 秀枝阿嬤童年時的林百貨景象。一樓賣化妝品、和洋菓子等。
③ 二樓賣洋貨、童裝、寢具等。

沙包，五、六個正好一手可以掌握，小女孩們會拿來數數字玩丟擲遊戲。秀枝阿嬤示範玩沙包的方法給大家看時，還能記得當時邊玩邊唱的兒歌，七十幾年的歲月過去了，阿嬤唱得字字真切，真了不起！阿嬤說，小沙包做得很精巧，上面還縫綴一顆小珍珠，圓圓的，很閃亮。當她瞇起眼睛形容時，我看到阿嬤的眼睛裡，彷彿有閃爍的瑩光照亮一臉的微笑。保有一個童年的回憶，真美；那細節肌理透過林百貨再開幕後，點點滴滴說給晚輩聽，感覺很溫馨。

秀枝阿嬤上初中之後，就進入終戰時局了，那時她常在人潮眾多的林百貨，看到高年級的女學生拿著一條圍巾大小的白布條，央請過路的婦人縫織「千人針」。所謂「千人針」，就是請一千位婦人，尤其是媽媽，在白布條上縫一條紅線，打個結，每個結都是一個祝福，來自一千個媽媽的祝福，希望在前線作戰的孩子平安歸來。

時局不靖的日子，天天躲空襲，好像也沒有上多少課，每當黃昏時，遠遠傳來轟轟轟的螺旋槳聲，大家就趕快點燃一坨一坨潮濕的榕樹枝，四野都瀰漫著煙霧，讓飛機看不清楚投擲炸彈的方向。還有，學校要求當時的女學生要編織士兵穿戴的欺敵網，這個網子要送到前線，讓士兵插滿樹枝以欺敵的，每個學生在學校都有一定的編織進度，進度趕不及的，回到家後就把網子掛在樓梯扶手上繼續趕工，有時還要幫忙區公所的業務，所以，中學的日子就這麼忙碌地度過了。

年輕時的秀枝阿嬤。（范秀枝 提供）

一次降落傘事件

有一次，住家附近的天空有一架美軍 B29 飛機迫近，遭到日軍迎擊，兩架飛機就在現今的馬公廟上空，用機關槍對射，滿街的民眾都躲在自家窗戶下偷窺。忽然，美軍飛機墜落，掉在開山路上，阿督仔的飛行員被開山派出所的巡查拉走了。一時間，躲著看戲的居民全部一哄而出，人人手上都拿著剪刀、菜刀。「做什麼呢？」我聽得好緊張喔，忍不住問阿嬤。阿嬤說：「剪降落傘啊！」「為什麼？」「你們不知道喔，在當時，那降落傘的綢布，可是最上等的布料呢！」

阿嬤當時就讀的末廣公學校（現今進學國小），是第三小學，當時第一小學是明治公學校（現今成功國小），第二小學是寶公學校（現今立人國小）。末廣公學校的校長是米田鬼太郎，在學校教公民，對於修身禮儀有很嚴謹的教導，上課時，要在一間特別的榻榻米教室練習規矩，當時第二高女的修身禮儀課也是他教的。米田校長有三個兒子，高中畢業後都被送去神風特攻隊，秀枝阿嬤還記得，當校長從臺南車站捧著裝著兒子指甲、頭髮的神龕回來時，全校學生都列隊迎接，只見米田校長挺直身軀，手扶著神龕，從車站一步步走回神社，沒有眼淚，只有一臉肅穆，那是為國犧牲的驕傲。直到現在，阿嬤還是很難忘記米田校長那種大義滅親的表情。

林百貨鄰近神社，神社的內院是現今當代美術館預定地，外院是現今忠義國小，當時公學校的學生星期天早上都要到神社掃地，由班長帶隊，老師監督，再寒冷的天氣，也得拎著水桶、拿著竹掃把清掃落葉，當時稱作校外奉祀作業。進學校就讀後，規定改名不改姓，所以阿嬤的名字范秀枝被改名為范智慧子，這是當年不得已的命運啊。阿嬤說：「改名的學生配給白糖，不改名的配給黑糖。」時代是巨大的轉輪，左右了很多人的命運，甚至，姓名也是。

從林百貨頂樓神社俯瞰，時為一九六〇年代的臺南。（鹽光文教基金會 提供）

●那年的小小智慧子

阿嬤常說，當年林百貨最榮盛時，只要華燈初上，整條街都是人潮，黑頭車亂竄，是繁華得無法形容的一幕。林百貨的店員很有禮貌，當時的櫃位密密匝匝，多到數不清。遇到神社慶典時，遊行隊伍從林百貨穿梭而過，店員綁著頭巾，拿著飯匙，又唱又跳，阿嬤還記得眾人齊舞唱著：「台南神社のお祭り日，太鼓はドンドン鳴っている……」真是有意思極了。

秀枝阿嬤滿滿的回憶，一幕幕定根在老臺南的畫面裡。小時候，她陪祖母坐三輪車去宮古座看改良戲，改良戲像歌仔戲，又像現代劇，影影幢幢唱了一晚，戲劇的內容演些什麼？阿嬤至今完全沒有印象；但是，每次去宮古座，祖母會給她一個熱熱的包子，捧在手心，溫熱，吃在嘴裡，香甜。她的回憶裡有著熱包子的溫度與祖母的慈愛。

阿嬤時常說，以前的林百貨比較大，攤位比較多，現在雖然看起來井然有序，但是好像櫃位少了許多。每次，她用昔日丈量今日時，我們都知道，林百貨的櫃位並未減少，林百貨的建築也沒有縮小，只是阿嬤長大了、老去了，回憶有時會超越現實，一直往過去奔馳。跑著，跑著，阿嬤彷彿回到了十歲時，小小的范智慧子，你聽，有人在呼喚呢。誒，她回頭看見過去的景象，啊，林百貨好大啊，攤位好擁擠啊，人好多啊……

〈お手玉遊びの歌〉

お一つ、見れば、見れば、お三つな
お手のせ、お手のせ、おつかみ、おつかみ
指人形、指人形、みったりげ、みったりげ
蝶々め、赤ちゃん、すまちゃん、直幸ちゃん
でってんぼし、でってんぼし、誰誰と
きらいきらい　いかんよ　勝ちました
笑うなよ、泣くなよ、怒るなよ

〈玩沙包歌〉

一個，看哪，看哪，三個
放在手上，放在手上，抓起來，抓起來
拇指娃娃，拇指娃娃，三個呀，三個呀
小蝴蝶、小嬰兒、小須磨、小直幸❖
出來吧，出來吧，不論跟誰
討厭，討厭，不可以呦，我贏了
不要笑，不要哭，不要生氣

❖ 小須磨、小直幸應為人名，是在童謠中為配合節奏，隨意加上的人名。

〈神社祭歌〉

台南神社のお祭り日
太鼓はドンドン鳴っている
今年は豊年良い年だ
蓬莱米をお供えましょう
お神輿を担いてエッサササ
太鼓を担いてエッサササ

〈神社祭歌〉

臺南神社祭典日
太鼓聲音正響起
今年正是豐收年
準備蓬萊米獻祭
擔起神轎 A Sa Sa❖
擔起太鼓 A Sa Sa

❖ A Sa Sa，用力抬東西時的擬聲語。

線上聽秀枝阿嬤唱
〈神社祭歌〉，
請掃描 QR code

店長在家嗎？

石允忠爺爺與小小店長

●從帽子店開始

石允忠爺爺是林百貨再開幕以來的「寶」，也是林百貨當年碩果僅存的幾位員工之一。生於一九二五年的他，是臺南著名的石鼎美家族第四房石耀宗的後代，父親是前臺南文獻委員石陽睢。

石允忠寶公學校畢業後第五天，在忠義路武藏帽子店看到招用店員的告示，老闆是三重縣人，他遂走入店家，自我介紹，當場就被錄用，當時薪資一個月只有一元，後來就漲到十二元。當年臺南三間有名的帽子店，除了武藏之外，還有榮、丹羽兩間，生意都很忙碌，每天都要工作到晚上九點才能休息。

老當益壯的石爺爺，總是騎著腳踏車穿梭來去。他是昭和時期林百貨的員工。

大約工作一年多後，舅舅介紹他到林百貨應徵，於是一九四〇年三月他進入林百貨，薪資每天四角。當時有經驗的員工起薪每日四角，沒經驗的三毛半，女性員工則以四角起薪，因為多了五毛錢的化妝費。進入林百貨後，石允忠在批發部上班，直到一九四四年，他去高雄陸軍志願所接受訓練。一九四五年八月三十日退伍，回到家鄉臺南時，林百貨已經吹熄燈號了。

在林百貨服務的四年期間，他在三樓工作，主要的業務是管理倉庫，處理大量批發商品，以及販賣國民服，當時主要的服務對象是各會社的福利社。石允忠做事勤奮，藤田武一總經理、井上課長都十分照顧他。林百貨歇業後，員工們都很捨不得老闆娘林とし，因此每年都會舉行員工聚會，而石允忠的名片上，有一個終身頭銜就是：「林百貨員工召集人」。

●石爺爺的一日店長

林百貨再開幕以來，九十四歲的老員工石允忠爺爺，一直是粉絲團網友熱烈討論的靈魂人物，不少民眾希望能與石爺爺有互動機會，因此在二〇一五年一月一日，新年的第一天，石爺爺特別換上林百貨的制服，當上一日店長。

一日店長活動當天，石允忠爺爺一早便神采奕奕地騎著單車來到林百貨，換上為他特製的制服後，便與陳慧姝總經理一同揭開與創辦人林方一媳婦跨國拍攝的時尚看板，然後，以熱忱的笑容和親切的態度迎賓。許多臺南市民和觀光客一大早就特地來和石爺爺拍照，石爺爺也帶著一本老相簿在現場說古。

每一張老相片都是一段故事，裡頭有當年與同事坐牛車一同出遊虎頭埤的旅遊回憶，也有林百貨老員工每年的同樂會合照。當年石允忠一日薪水四角，而在林百貨的餐廳一杯紅茶要價十元、一份定食五十元，由此可知當時的林百貨真是頂級消費的指標。石爺爺還拿出大正時期所發行的錢幣，這件古物讓民眾嘖嘖稱奇，這枚隨身攜帶的錢幣在他不斷摩挲下，顯得圓滑光亮，從這個小細節可見石爺爺對於林百貨的熱愛。石允忠爺爺每一年都邀請老同事敘舊，在林百貨工作的點點滴滴，是他人生中最重要的回憶。

在一日店長體驗時，林百貨特別央請年輕的銷售員程道修與石允忠爺爺合照，這是很有趣的今昔對照，只見石爺爺穿著超高腰的長褲，與年輕店員站在一起，身高相差二十公分，一老一少傳承的溫馨畫面，令人印象深刻。

小小店長體驗營

自此之後，「小小店長體驗營」成為林百貨熱夯的體驗活動。體驗營招收的對象是七、八歲的小學生，為求逼真，林百貨特別訂製兒童制服讓小朋友穿上，這個縮小版的藍橘色制服和小小貝蕾帽，無論穿在哪一個孩子身上，都顯得天真可愛，是陪同家長及參訪來賓爭相拍攝的對象。

②|①

① 大正時期錢幣，有著歲月摩挲的痕跡。
② 林百貨昔、今員工，趣味同框。

體驗營時間約兩小時，以「好精神」、「好禮貌」、「好認真」、「好棒棒」為主軸，小朋友們先到四樓林聚點練習自我介紹、唸誦迎賓口白與產品介紹，接著到一樓大門口學習迎賓，之後便分組行動，聆聽導覽，了解林百貨的故事，然後在五樓林肉包銷售區招呼客人、協助包裝服務。體驗結束之後，林百貨頒發小小店長參加狀，並且贈送每位表現滿分的小朋友福袋，和林百貨限定的紀念品。

林百貨的主辦人員是以真槍實彈的要求來訓練小小店長，讓孩子們透過認真、禮貌的態度，了解百貨從業人員一日工作的辛苦，而且，他們要真正面對顧客，操作完全符合ＳＯＰ流程的服務，這種互動，對於孩子的禮儀、應對都是很好的教育，所以自開辦以來，報名總是形成激烈卡位的盛況。

曾芃茵副理說：「每一次看到同事們用認真不打馬虎眼的要求，讓小小店長學習一切細節，而每個小小店長幾乎都全神貫注地記住要求與叮嚀，個個表現得那麼好，我就覺得，我的同事們很讚！臺南的小朋友也很讚！」當然，每次舉辦小小店長活動時，石允忠爺爺可是孩子們心目中的典範，老小一起合照的畫面，每一次都讓人覺得：這份精神的傳承，是林百貨最有價值的體現了。

①
③ ②
④

① 小小店長體驗營，孩子們必須真正面對顧客，學習服務精神。
② 真心的傳承。
③ 專注聆聽。
④ 小小店長與石爺爺合影。

故事仍要勇敢說下去

採訪石允忠爺爺好幾回了，九十四歲的他，每次都騎著腳踏車穿梭來去。有一天，他抱了一大疊老照片來林百貨，給我看一張老員工的合照。我問他：「頭像上打三角形，是什麼意思呢？」他說：「過世了。」檢索照片，全部都被註記了，我發現只有一個人沒有打三角形，石爺爺說：「那個人，是我。」

看著相片，我呆望很久。走到有一天，身邊的人都離塵而去，他用一個個三角形標示消失，這世上記得那些事的，終於只剩一個人了……。我的眼眶忍不住潮濕，石爺爺真的很勇敢，他很勇敢地活著，繼續為我們說著老故事。

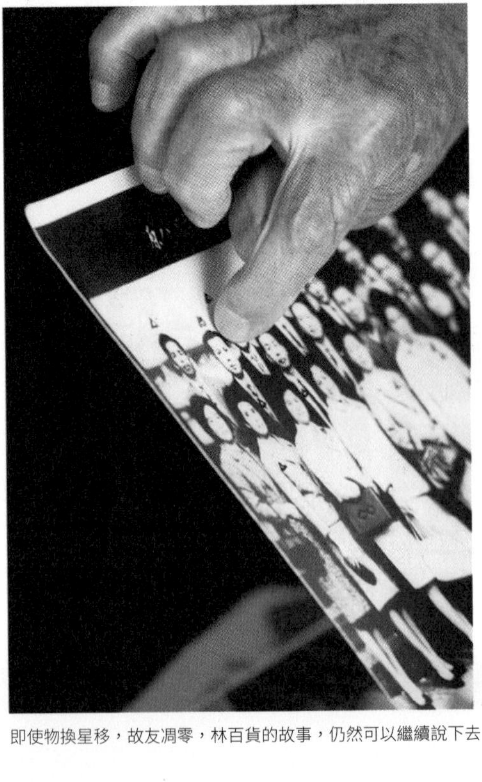

即使物換星移，故友凋零，林百貨的故事，仍然可以繼續說下去。

每一個故事，每一份情感，都一一被收納，進入了林百貨的生命裡。

暖心的那一口布丁

吉賀久惠阿嬤的幸福定格

山口縣來的男裝部主任

來自日本大阪、高齡八十多歲的吉賀久惠阿嬤，踏進了林百貨五樓餐飲部。等待了七十六年，她慢慢吃下一口焦糖布丁，然後低下頭來，輕輕說著：「是啊，是啊，就是這個滋味呢！」顫抖的聲音，像是哽咽的泉水，啜泣著。對於吉賀阿嬤來說，那一口布丁的滋味，是懷念父親的深深思念。

一九三二年，吉賀久惠的父親吉賀幸一從山口縣來到臺灣，那年他才二十三歲。林方一對於來自故鄉的小兄弟時時照顧，從林百貨基層幹起的吉賀幸一工作也十分賣力，不久便升任二樓主任，主管男裝部。之後，吉賀久惠的母親吉賀千歲從嘉義來林百貨求職，與父親一見鍾情，婚後全家定居於臺南林百貨員工宿舍。小小的吉賀久惠時常到林百貨找父親，與員工相處也很融洽，她對於父親的印象，全部定格在那一年的林百貨。

那是她五歲那一年，父親帶著她到林百貨的五樓，點了一杯紅茶和一客布丁。林百貨當時的餐飲費用是高檔的，一客豬排飯，就是員工一個月的薪水，因此那一客布丁是吉賀幸一不惜重資的款待，也是對女兒無限的寵愛。軟綿綿的焦糖布丁，還有那一口口濃郁的紅茶香，從此在吉賀久惠心中烙下深刻印象，成為永遠無法替代的味蕾記憶。當時，父親還特別幫她拍攝了一張獨照。母親牽著她的手來到六樓的神社，在神社前留影，幼小的她站在母親吉賀千歲的身前，圓滾滾臉龐上甜美的笑容，滿載的幸福感，是她一生難忘的一刻。

大時代的遷移與戰爭，讓人命危淺，也改變了許多的聚散因緣，三十七歲的吉賀幸一被徵召到南洋當兵，最後戰死在馬尼拉。哀傷的千歲，帶著腹中的遺腹子，牽著吉賀久惠的小手，離開了南國的城市。那年吉賀久惠八歲，就讀南門國小一年級。離開臺南後，日日夜夜對

②|①

① 在林百貨餐廳裡，那個難忘布丁滋味的小女孩。

② 吉賀久惠和母親，以及來自山口縣的員工們合影。（吉賀久惠 提供）

於父親的思念，都聚焦在那一張全家福，以及那一年父親帶著她到林百貨吃布丁的記憶。

盼望與思念的滋味

近幾年，吉賀久惠透過朋友與林百貨的老員工石允忠聯繫上，知道林百貨重新開幕，心中的激動無法言喻。後來，林百貨曾芃茵副理收到一封信件，由吉賀久惠署名，信中感謝林百貨再開幕，讓她兒時的記憶有跡可循，還附上當年在林百貨吃布丁、喝紅茶的照片。這封信裡，除了敘述當年情景，也透露希望回來林百貨走走的心願。林百貨團隊看到照片和信件，十分感動，經由老員工石允忠確認後，決定資助機票與住宿費，讓吉賀阿嬤一圓夙願。

二〇一七年八月二十八日，吉賀久惠協同妹妹及兩位表妹，踏進林百貨五樓餐飲部，林百貨團隊特別準備了她喜歡的芒果、龍眼、荔枝、愛玉等招待她。七十六年的時光隨著那一步一階，不斷地倒帶，吉賀阿嬤彷彿走過時光隧道，走到那個純真年代的童年，穿著碎花和服的她，踩著輕快的步伐，快樂地坐上餐桌，舀起一口焦糖布丁。阿嬤的眼眶紅了：「是啊，是啊，就是這個布丁……」對她來說，這一口布丁是等待、盼望、思念與大時代的感傷。吉賀阿嬤一邊看著發黃的照片，一邊說著：「照片中的小女孩，如今已經是老人了……」

吉賀阿嬤目前在大阪市從事旅行業的工作，當年，林百貨一樓的櫃檯也兼作旅行社生意，入口處販賣從臺南到日本的直航船票。物資缺乏的年代，往來的一張船票是搶手貨；然而，即使再搶手的一張船票，關山遠隔，人與人之間終有相見之期，人生最難的是想念的人在遙遠彼岸，迢遞的距離，連船票也無法抵達了。

吉賀久惠和寡母離開臺灣後，如何走過戰後的艱苦歲月？對於父親的思念又是如何刻骨銘心？我們無從得知，溫婉內斂的她也談論得很少。但是，我們從她品嚐那一口布丁時，難以言喻的辛酸與感動，可以真切感受到這超越一甲子以上深深的思父之情。難怪，在將暮之年，阿嬤會以激動萬分的心情，感謝林百貨能夠再開幕！

超越一甲子的時光，再次舀起一口布丁的吉賀阿嬤，紅了眼眶，滿溢思念。

我與母親的唯美記憶

潘元石老師的收藏

●小時候的回家路上

臺南文化獎的得主潘元石老師，從事美術教育近六十年，對臺灣的兒童美術教育推廣影響深遠。他與林百貨的因緣亦深，退休後，他幾乎天天到林百貨，默默地作畫。將近一年時間，他畫畫的身影成為林百貨的特殊風景，終於，完成了三幅珍貴的版畫：「天下第一倯」、「坐流籠」、「臺南名所林百貨」，林百貨也為潘老師舉辦「唯美記憶：潘元石水印木刻版畫展」。

潘元石老家在鎮北坊萬福庵南邊陳世興古厝附近，就讀師專附屬小學時，走回家的路上，常常沿著開山路來到林百貨。他最愛坐電梯到五樓，因為五樓有撈金魚的攤位，那些巴掌大美麗的金魚，流線般的線條，尾鰭拖著長長的金橘色，在水中款擺，像金橘色的舞孃。潘元石說，那些金魚都綁著一根紅彩帶，實在美不勝收，他很愛看人家撈金魚，入迷的程度常讓他忘了回家。童年時他幾乎每天到林百貨報到，林百貨也成了他美學啟蒙的重要地點之一。

奇美博物館的創辦人許文龍先生，當年就讀協進國小，也從那麼遠的金華路一路走來，看到彼時大正公園旁的歷史博物館，這個博物館深深感動了他，當時他就發了一個大願，希望可以蓋一棟博物館嘉惠世人。許文龍也喜歡到林百貨逛逛，然後到五樓看觀光客騎電動馬。很歡樂的五樓娛樂場，豐富了兩個孩子的童年，後來兩人因緣際會在奇美博物館共事，潘元石因此說：「小時候被給予的深刻印象，可以讓一個孩子從小立志發大願、做大事。」

②|①　① 潘元石老師忘我地說：那個金魚造型，好漂亮！　② 潘老師將版畫贈予林百貨。

老太婆變美姑娘的魔術

小小的潘元石第一次坐電梯時，十分興奮，「咻！」一下子，就到了三樓，像變魔術一樣，瞬間又到了五樓。那時電梯可是十分時髦的玩意兒，很多人是不敢貿然乘坐的，時時有人擠在電梯門口觀望。有一回遇上一位先生初搭電梯，望著老太太搭上樓，下樓卻是個年輕貌美的姑娘走出來，驚呼：「我要叫家裡的老太婆來搭乘，看看會不會變年輕。」

潘元石也提到，當時臺南的望族張常華家族，住在現今復華飯店所在地，張先生喜愛攝影，聚集很多愛好藝文的人士舉辦美術藝文沙龍、討論古典音樂，年輕的潘元石看過張家許多黑膠唱片，後來也在張家學畫。據張家後代張瑟瑟所寫的《琴韞音緣——臺灣第一代鋼琴家張晶晶》書中的圖片，可見林百貨舊時節慶的景象，照片中有穿著和服的男男女女，人群中有人力車，還有一般百姓騎著代步的腳踏車，都前來趕集，熱鬧非凡。張晶晶小時候穿著的和洋套裝，就是在林百貨購買的，新穎的款式，時髦的剪裁，至今仍然很潮！張家宅院在二戰時被炸彈所毀，幸好家族仍然留下許多老照片，只是不少骨董級的寶物毀於一旦，十分可惜。

人型娃娃裡，母親的愛

林百貨也是潘元石最懷念母親的所在。小時候，母親帶著他來林百貨買衣服，當時林百貨的專櫃小姐會親手彩繪人型娃娃木牌，給展示的衣服套上。他與母親在三樓童裝部買完衣服後，看到櫃檯上的人型娃娃木牌，他非常喜愛，便哭哭鬧鬧地央求母親，想要這對展示衣服用的木牌娃娃，當時的專櫃小姐很大方地送給了他一男一女一對木牌娃娃。之後，經歷二次大戰美軍轟炸臺南，潘元石跟著家人、帶著簡單的行李疏散到鄉間，又輾轉遷徙許多地方，沒想到這對木牌娃娃竟被母親放在行囊中，一路陪著家人流浪。

直到母親逝世後，潘元石在母親遺物中

保存了半世紀以上的人型娃娃木牌，背後是母親靜靜守護的寵愛。

找到這對保存了半世紀以上的木牌娃娃，才發現原來母親一直珍藏著他的寶貝。母親靜靜守護的這份愛，讓他很感動。

因此，林百貨特別向潘元石老師商借展出，同時複刻多份，在各樓層結合各專櫃品牌，注入新的文化演繹。老東西有了新詮釋，倍覺人情味。另外，林百貨五樓餐廳的炒飯、番茄蛋包飯，至今也都是潘元石懷念的味道。

潘元石老師致贈給林百貨的三幅版畫：「天下第一倯」、「坐流籠」、「臺南名所林百貨」，其中「坐流籠」這幅畫，以鮮豔的色彩、分明的筆觸勾勒林百貨的人氣景點——電梯，畫

面裡人們正排隊朝聖準備搭電梯，而一個背著書包、穿著黃衣的小朋友，就是奇美集團創辦人許文龍的「兒時再現版」身影。潘老師說，許創辦人小時候幾乎天天到中正路圓環邊的歷史博物館參觀，逛完博物館就走到林百貨，即使買不起東西，大千世界仍點綴了美好的童年記憶。所以，他把這個歷史的印象刻進版畫裡，成為生命中唯美的回憶。

④|③|②|①

① 潘老師的小時候畫像，做成了人形立板，背後有許文龍先生的簽名。
②「天下第一㧬」。
③「坐流籠」，其中背著書包、穿著黃衣的小朋友，潘老師說：那就是許文龍啦。
④「臺南名所林百貨」。

插畫裡的和風情

山崎兄妹的愛

●和林百貨一見鍾情

臺南的熱情與美食，讓來自大阪的山崎達也、山崎華子兄妹愛上臺南，甚至還出版了插畫書，來記錄他們旅行臺南的點點滴滴。

二〇一五年，山崎達也在林百貨週年慶時，特別送給林百貨一幅手繪插畫，圖畫中，融合了林百貨的過去與現在，昔日的建築招牌和路燈，加上現代感十足的帆布包、廣告宣傳車、紀念扇，而路上人們的穿著，也是穿越了今昔時空地景。色彩豐富的畫作，讓人看一眼便難忘。

山崎達也與臺南的不解之緣，要從二〇一三年講起。當年他來到臺南，走過中正路，看見林百貨即將修復完工，當場震懾於這麼偉麗的建築物，雖然林百貨還未真正揭開面紗，卻已讓他印象十分深刻。後來經由日本友人相告，得知這棟建築物即將再開幕，他也一直期待著。

山崎先生所寫的第一本介紹臺灣的日文書出版時，林百貨尚未開張，後來中文版即將印行，他覺得介紹臺灣旅遊，絕不能少了林百貨這個地標，尤其對於林百貨有一眼難忘之緣，那時他很希望可以做一點事，是與林百貨有關係的。

●充滿南國風情的林百貨

於是，他主動畫了一幅林百貨的插畫，這張畫的概念是：林百貨是跟歷史有密切關連的，所以圖畫中特別標示了「一九三二年」，但是畫裡的人物又有各個不同時代的衣著。他覺得林百貨站在這個時空之中，像是一位老爺爺，歷經滄海桑田，看著不同時代的人從他的面前走過，屹立的林百貨凝視著時間裡的人，來來往往的每一個臉龐與身影，都帶著那個時代的故事，而每個故事與感情都一一被收納，進入了林百貨的瞳孔裡。

在畫作中，他把街屋都連在一起，畫面特別越過現在林百貨的立面，往兩旁延伸，山崎先生希望讓大家感覺到林百貨的存在感是十分巨大、綿長的，這個建築物實在太壯觀，所以，他把視野往兩邊推擴，牆面也往畫面兩邊無限延伸。

山崎先生並未把林百貨定位在日本殖民時代，他印象中的林百貨是充滿南國風情的，所以，他使用鳳凰花的豔紅當作主色調，兩旁林立椰子樹，一景一物，都是很臺灣且在地的風貌。「林百貨，是臺南人的林百貨。」山崎先生說。這幅迷人的插畫，林百貨特別印刷成限量明信片，與喜愛林百貨的朋友分享。

文學家的臺南映畫

二〇一七年，為慶祝林百貨八十六歲生日，舉辦了「府城摩登大遊行」，以文學家的

山崎先生畫的林百貨，艷紅、熱情，有著穿越時空的凝視。

山崎先生所繪「府城摩登大遊行」。仔細看，你可以找出幾個拿著筆的文學家剪影？

身影呼應摩登時代的印象，特別邀請山崎達也繪畫這次的主題視覺。山崎達也以東洋老漫畫結合現代臺南流行的文化元素，注入復古又新潮的時髦感。畫作中融入遊行的文學家，包括沈光文、楊逵、葉石濤、吳新榮等，此外，林百貨櫃姐、穿著和服的優雅女性、臺南近期流行的流動美食攤車、樂儀隊……等，跨時代的臺南街頭歡樂景象，在畫中一一呈現，使得大遊行開幕時製造了豐富話題性。

山崎先生也為林百貨設計了一款十分雅致的稿紙，稿紙中有林百貨的流籠指針、鳳凰花、牛眼窗、臺南的燈具，以及許多裝飾性的圖騰。

山崎先生與臺南市政府、林百貨有多次

的合作，過程中，熟練中文的妹妹山崎華子扮演溝通的大功臣，才能讓使命必達、賓主愉快，所以，山崎先生覺得他是幸運的。

在山崎先生的眼中，林百貨不論是內部及外觀，都是「超級酷」的百貨。不分年齡、不同年代的人，看到這個百貨公司，都會湧出一股懷念的情愫；即使現今年輕一輩，並未經歷林百貨的榮盛時代，但是，透過這棟具象的建築物，他們也可以藉由想像，架構一個圖版，將昔日美好與今日經驗，以情感做深刻的串連。

把愛和 money 都留給臺南了

一年造訪臺南好幾次，總計來過臺南二十次以上的兩兄妹，對於臺南人熱情又善解人意的美德，實在十分喜歡。只是山崎先生覺得臺南在地人對於自家美食的自傲與自信，簡直超乎想像！他都不敢在臺南人面前批評臺南的食物，深怕自己的評論讓他的臺南朋友生氣了呢！

喜愛臺南的兄妹倆，二〇一五年曾蒞臨林百貨演講，主題是「日本人看臺南的魅力」，從他們眼裡看到的臺南，新鮮有趣，充滿另類視野，贏得許多迴響。

二〇一三年來臺南至今，太熟悉的臺南經驗，使得山崎先生有時都混淆了，自己到底是臺南人，還是日本人？據私下得知，每一次山崎先生來臺南的合作案賺得的經費，幾乎一毛錢都回不到日本，因為好吃、好玩、好用的東西太多了，他把全部的愛，包括 money 都留給臺南了啦！

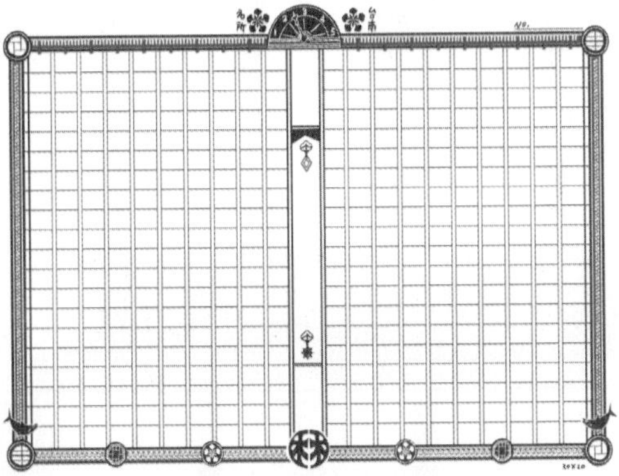

① / ②

① 山崎先生為林百貨設計的稿紙。
② 山崎兄妹來到林百貨，分享他們對臺南的喜愛。

HAYASHI的曼波六部曲

展

林百貨展演豐富能量的線索，
以詩、以畫、以文，
活絡老建築為有機體，
以小博大，具體而微，
裝載豐富的臺南文化生活。

讓臺南看見世界，讓世界看見臺南

● ＤＦＡ亞洲最具影響力設計獎臺灣站

ＤＦＡ亞洲最具影響力設計獎（Design for Asia Awards）自二〇〇三年在香港創立以來，已成為設計人才向世界展示傑出設計作品的平台。該獎項鼓勵以人為本的設計，提倡亞洲社會的文化價值及可持續發展的科技，表揚解決亞洲問題的優秀設計，嘉許在區內有助提升人民生活質素的設計項目，從亞洲觀點表彰卓越設計。

二〇一六年，林百貨獲得亞洲最具影響力設計獎的大獎，這不只是對林百貨經營團隊的肯定，更是對臺南市民共同文化記憶的肯定：城市被世界看見，而林百貨就是這一個窗口。

次年，林百貨與香港設計中心合作，舉辦「ＤＦＡ亞洲最具影響力設計獎海外巡迴臺灣站」，主要展出二〇一七年的五大獎項，包括「大獎」、「文化大獎」、「可持續發展大獎」、「科技大獎」及「組別獎」，共計六十件作品以實體、圖像、影片等多元方式展出。

從獲獎到策展，帶動了國際文化與創意的交流，使得林百貨從在地走向國際，讓世界看見臺南；也將國際視野帶入城市生活中，讓臺南看見世界。

① 2017 DFA 亞洲最具影響力設計獎臺灣站展場。
② 為當時的賴清德市長等貴賓導覽解說。
③ 林百貨團隊親赴香港領獎。

與林，遇見臺南：全民插畫一起來

林百貨再開幕後，深得各族群喜愛，假日時，常見三兩朋友一筆在手，在各樓層寫生，網路上也時常有網友分享自繪林百貨的插畫作品。為期待培養插畫新秀，也提供一個全新而友善的平台，讓臺灣更多新銳設計師被看見，因此，二〇一五年林百貨舉辦了插畫比賽，邀請民眾透過創意與設計，不侷限過去或現在的時空，把對林百貨的美好印象，呈現為手繪或電繪的插畫作品。

① 2015 年第一名作品：簡怡佩「奶奶的淡色回憶」。
② 第二名作品：曾世球「搭上這班時光電梯吧」。
③ 第三名作品：艸文子「拾・撫」。
④ 2017 年第一名作品，媽媽牽著孩子，走過兩個不同時空的林百貨。洪玉文畫出了悠遠意境。

二〇一七年再舉辦，以在林百貨留下的美好回憶為主題，包含「林百貨意象」元素和「臺南在地特色」元素，定調為「與林・遇見臺南」。這次有超過三百幅作品投稿，並首度有外籍人士參賽，多元風格呈現了林百貨的復古與創新，每件作品都讓評審們稱讚不已。

第一名的「與林百貨一起走過臺南的歲歲年年」，作者洪玉文帶出兩個不同的時代背景，林百貨歷經了時代的變遷，但它始終佇立在那裡，陪伴臺南人走過幾十年的歲月，看著臺南街道隨著時間一點一滴地改變，就像媽媽看著孩子般，其中牽繫著深刻的情感，也是所有人的共同回憶。

第二名「林百貨與臺南印象」，作者曹育禎以鮮明的橘紅色，傳遞對臺南天氣熱情如火的印象；兩個穿著林百貨制服的人員，和來發掘臺南之美的背包客，在各個古蹟與美食之間穿梭遊走，享受並品嘗著臺南這座歷史悠久的古都帶來的韻味。

第三名「古今流傳八十五年，新舊縱橫就在林百貨」，以近似版畫的風格呈現林百貨的摩登時光，復古燈飾、造型花窗等各種特色裝潢齊聚一堂。

從兩屆的作品中，我們看到不僅參與人數增加，更重要的是取材廣度更多元化，包括小吃、黑面琵鷺、鳳凰花、蓮花、安平古堡、臺灣文學館等臺南意象與林百貨創意搭配，而且，在故事意境的表達、繪畫技巧、構圖色調、創意呈現等，滲入更多的思慮與沉澱。透過比賽，讓更多朋友認識了臺灣的優秀插畫新生代。林百貨團隊也將插畫得獎作品轉型為自營商品，這是多元而成功的文創開發、價值再創。

①
②

① 第二名作品：曹育禎「林百貨與臺南印象」。
② 第三名黃怡霖的作品。

有一種生活叫摩登：古早味的城市鳥瞰圖

一九三〇年代的臺灣，有一種生活態度叫「摩登」，在那個文明先進的時代，有圖書館、電影院、百貨公司和流行音樂，男性穿西裝，女性燙頭髮，充滿著流行與時尚的符碼。同時期，日治時代的雜誌《臺灣公論》，於一九三六至一九三九年，刊載了一系列臺灣各地的鳥瞰圖，有臺南銀座街、新竹南寮海水浴場，以及宜蘭、臺中、高雄等共二十四張精彩豐富的城市風情。

在林百貨慶祝重新開幕滿兩週年（二〇一六）時，特別與國立臺灣圖書館合作，推出「鳥瞰摩登年代」特展，展出全臺各地鳥瞰圖，重現八十年前的歷史風華。「鳥瞰摩登年代」展裡有濃濃的古早味，比如「臺南銀座街」那張鳥瞰圖，就是以兒玉源太郎的石像圓環為軸心，繪出末廣町（現今中正路）的街景，再加上赤崁樓等景點，讓人一目瞭然掌握城市的景致分布。這些鳥瞰圖是臺灣圖書館的特色館藏，僅此一套，詳盡繪製了建築物、地物、商

《臺灣公論》「臺南銀座通」鳥瞰圖。

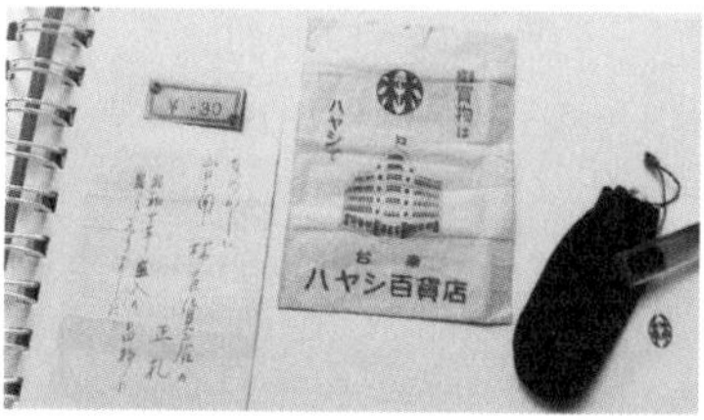

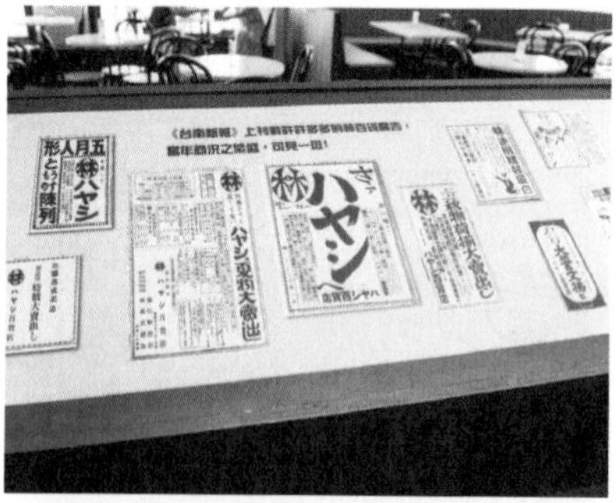

①「鳥瞰摩登年代」特展，展出多件日治時期刊物。

②《臺南新報》上，刊登過許許多多當時林百貨的廣告。

③ 1932 年 11 月，《臺灣建築會誌》刊載了林百貨的建築照片。

④ 林百貨創辦人媳婦林千惠子借展當時林百貨的印章，以及首發會員卡信封紀念。

號等，對於理解摩登時代的老臺灣，深具研究價值。

除了鳥瞰圖外，現場還展示了六件日治時代的刊物及文物，臺灣圖書館特別提供兩份與林百貨相關的特藏：《臺灣建築會誌》（第四卷第六期）和《林方一君追想錄》的複製品，供參觀者翻閱。

鳥瞰圖的手繪內容，多數在現代已不復見，因此吸引了不少文化界人士及遊客前來觀賞。臺灣圖書館與林百貨的攜手合作，讓館藏品走入城市日常生活圈中，為更多民眾開放，可以自然親切地貼近我們所熱愛的這塊土地。

●我是臺南人，我驕傲

城市的美好，深耕臺南的朋友最知道。在林百貨再開幕之初，極難能可貴的是有一群在地文化工作者，他們放下手邊工作，以十個月以上的時間，眾志成城，貢獻所長，共同討論林百貨經營的主軸與方向。多少個腦力激盪的夜晚，從夜幕初降直至夜闌更深，他們反覆辯證、搜集資料、提出看法，修正、強化、定案，終於聚焦以「臺南生活」為基調，定位各個樓層的主題，並且研討經營的創新模式，之後，更協助老店與新銳設計師開發林百貨的獨家好物。林百貨的再開幕是城市的傳奇，能夠擁有這樣的機緣，來自各領域的大師級人物，無私地為再創美好城市風景盡一份力。林百貨可說是許多人共願所成，共同努力的結晶。

林百貨再開幕三週年（二〇一七）時，舉辦了「我是臺南人，我驕傲」特展。三年，一個階段的圓滿時程，林百貨因此再次邀請顧問團隊，包括王浩一、胡佑宗、陳德安、曾乾瑜、黃建龍、葉重利、馮國豪等人，推薦館內值得一看的嚴選好物。他們都是在府城耕耘許久的老臺南人，臺南不一定是他們的出生地，卻是他們感情最深、用心體會的所在地。

這些展示在林百貨各樓層的推薦好物，包括客家百年纏花、臺南印象撲克牌、臺灣藺草帽、鳳凰絲緞手帕、老屋抱等等，透過文化人的眼光，詮釋商品的精神，讓拜訪林百貨的朋友也能體會一物一品的蘊藉。

過去，人們來到林百貨購買西洋船來品，感受外來的文化衝擊，它是臺南人探望世界的櫥窗；八十幾年後，林百貨轉而扮演世界看見臺南城市的窗口，也是每個人進入臺南的客廳。「我是臺南人，我驕傲」特展，想要展現的正是傳統臺南人一生一作的職人精神、對歷史重視的生活態度，以及對原生土地的熱愛與認同。

①	②	③
④	⑤	⑥
⑦	⑧	⑨
⑩		

① 林百貨顧問團群像。唐草設計總經理胡佑宗推薦臺灣苑裡藺草帽。
② 南方講堂創辦人王美霞推薦客家纏花。
③ 林百貨總經理陳慧姝推薦林娃娃商品。
④ 黃建龍老師推薦鳳凰絲緞手帕。
⑤ 俠客行文創執行長陳德安推薦巷弄老屋靠枕。
⑥ 誠品文化藝術基金會前執行長曾乾瑜推薦奉茶。
⑦ 作家王浩一推薦臺南印象撲克牌組。
⑧ 臺南企業文化藝術基金會執行長葉重利推薦《林百貨》專書。
⑨ 崑山科大教授馮國豪推薦林百貨玻璃老櫃。
⑩ 「我是臺南人，我驕傲」文宣視覺。

1/2藝術蝦的繪畫進行式

林百貨插畫微展覽

●半個藝術家，半個工程師

二〇一四年七月，他帶著速寫本、一枝畫筆，走進林百貨，之後，好長一段時間，不論夜晚或假日，都會看到這位城市藝術家。他一身輕便的衣衫，像是打完球後、來林百貨閒逛的年輕大學生，直到許多人在網路上看到他的作品，在不斷地分享與點閱後，「1/2藝術蝦」與林百貨有了連線。

1/2藝術蝦是網路上有名的水彩速寫達人，

寫生是種單純的快樂，一張張作品是生活的拼貼。（林致維 提供）

原名林致維，英文名NONO，新竹人。繪畫不是他的本行，清華大學材料工程系畢業後，來到成功大學念研究所，畢業前一兩年，對於臺南仍然沒有印象。因為喜歡金屬，碩士畢業後在安南區、高雄路竹等地擔任與金屬高科技焊接有關的工作，目前在南科園區擔任ＰＭ，所以，仍然在科技業任職。「藝術蝦」取自藝術家的諧音，「1/2」代表了工程師與畫家兩種不同生活的結合。繪畫是他的興趣，他時常利用週末假日，拎著畫具在臺南巷弄內創作。

「Sunday painter 對我來說，一直不是件陌生的工作。有時候，透過水彩來看這個世界，可以豐富生活，也創造了令人印象深刻的體驗。作品本身有種生命力，我的工作或許只是發現其中的美好吧！」1/2藝術蝦這樣說。

● 一直畫就對了，定位要自己找

七年級生的林致維，從大學三年級開始拿起畫筆，他的繪畫是自學的。三年後，創作遇到瓶頸，因為在繪畫技巧上已經十分熟練，可以寫實一如照片，但是他思考著：「除了逼真之外，繪畫應該有什麼呢？」他找不出答案，為了尋求解惑而從師，到臺北找簡忠威老師學習水彩。

簡老師雖然可以提示他在淡彩、筆觸之類的手法，但最後，他還是摸索了一段很長的時間。二〇一四年九月，利用整個中秋假期，他沒有停筆，一直畫一直畫，突然，他開竅了，直到現在，都還是保持這種繪畫風格，那真是一個難忘的中秋節！

之前的十年時間裡，他的畫風一直在改變，直到現在才找到自己的表現性；二〇一四年是他插畫史上很關鍵的一年，他學會以視覺思考。從繪畫的技巧、藝術性，再到風格，這是他的繪畫三階段，他說：「藝術是橋梁，將人們串連在一起，讓我得以體會不同的心路歷程。」

這段期間，因為工作的緣故，必須到馬來西亞出差，他帶著紙筆去了檳城，很喜歡檳城十七世紀馬來華人居住的娘惹建築那種老房子的氛圍，從那次回來後，他就開始帶著畫筆速寫臺南老城。臺南

② | ①

① 學好繪畫的訣竅就是：一直畫就對了。
② 風息與光影，都是城市的色彩。（林致維 提供）

幽微巷弄裡搖曳翠綠的大葉欖仁、深沉的黑瓦老屋，或是步調緩慢的風息與光影，這些隨著季節而變換的城市色彩，都成了他獨特的記憶。他畫了四百多張畫，全部都是臺南城市的一景，他說：「畫，一直畫就對了，每個人的定位都要自己找，答案都在自己的揣摩裡。」

●用畫筆走訪林百貨

林致維速寫林百貨的那個夜晚，是離百貨開幕將近一個月後的事了，他說：「林百貨開幕了好一陣子才進去參觀，其實只是不想和大批的人潮在入口處等待入場而已。」這棟老建築吸引了他的注意，所以他先從遠處畫林百貨，選擇坐在附近鄭氏家廟的門口寫生，然後一直畫進去。用畫筆走訪林百貨，是很安靜的探路，但他樂在其中。他在各樓層間細微觀察林百貨的擺設，選了不會擋住行人的地方就畫了起來，他沒想太多，只是單純地描繪當下所感受到的氛圍。

偶爾有人經過會對他行注目禮，或是停下來看他畫幾筆，然後小聲地說：「他在畫畫耶！」或是以羨慕的口吻說：「好好喔，真希望自己也能隨意用畫筆記錄生活。」偶爾，他會帶本書，點杯咖啡，找個好位子坐下來，然後靜靜地消磨一個下午；有時他在階梯轉角的小書攤，以俯視的角度觀看人與事的有趣視野。他這樣形容：「牆壁遮住了三分之一的書攤，不完整創造了一種趣味性，看書的人與書攤彷彿被框在一幅畫框裡。」

他時常在下班後來林百貨畫畫，他說：「林百貨最適合拜訪的時間，我想非夜晚莫屬，因為墨色，這棟老建築更加耀眼。」夜晚是最有魅力的題材，尤其是爬上六樓陽台，在陽台吹著風的感覺，應該是畫家獨享的自由與悠哉吧！

④ ①
②
⑤ ③

① 用畫筆走訪林百貨，是很安靜的探路。在四樓林咖啡邊喝茶邊速寫，景色迷人放鬆。
② 六樓陽台，可以俯瞰中正路夜景。
③ 一樓大廳。
④ 林百貨最適合拜訪的時間，非夜晚莫屬。
⑤ 一樓大廳簡單擺著兩張桌子和椅子，逛累了可以坐在沙發上休息，有種居家客廳的意象。（皆為林致維 提供）

2014.7.8

2014.7.7. C.W.Lin
林百貨1F大廳

幾個月的時間裡，1/2 藝術蝦每天下班的第一件事，就是到林百貨寫生，從大街畫到室內，從一樓大廳畫到頂樓陽台，終於完成走訪林百貨的繪畫記事。他將作品整理成文章，分享在部落格裡，幾個月後（二〇一四年十二月），在林百貨團隊的幫忙下，這些作品有了在四樓小空間展覽的機會。

●我決定我的光

對於林致維來說，寫生是種單純的快樂，也創造了有別於逛街的體驗。在他的眼中，一張張作品都是生活的拼圖，拼貼

在林聚點藝文空間，1/2 藝術蝦與民眾分享臺南的美好與創作的心路歷程。（王鴻宇 攝）

出外鄉人在臺南生活的各種小探險。他曾經在西市場寫生，市場裡的歐媽媽看了很喜歡，在歐媽媽的幫助下，他用七個月的時間，邀約市場裡的各個攤位做採訪、畫畫，之後，自行出版了一本文圖並茂的寫生集。

二〇一八年五月，他又以葉石濤為題材，出版一本《臺南巷框：遇見文學大師葉石濤的時光散步》。為了這本圖文書，他閱讀了一百多篇葉石濤的作品，以葉石濤的少年青春，對照自己在學習繪畫時的心路歷程，是相當有深意的圖文創作。在這本圖文集中，林致維的畫風更加穩定而成熟了，他明確地掌握了兩個關鍵要素，一個是留白，讓畫面在留白的區塊中找到呼吸、找到凝定，或是更多的想像空間；二是光，他擺脫了外顯的顏色制約，更明確知道光在哪裡。他說：「我的作品是不管天氣好不好，都可以畫出好東西。我可以看見心裡的光，眼前景物的光。」這種「畫心」式的繪畫，正來自於觀照萬物的視野改變了。

林致維說：「手繪是我記錄生活的方式。每一次速寫，都能讓記憶與感覺更加深刻……」創作是畫心，只要心的感動還在，1/2的繪畫世界，是永遠的進行式。

絲情花意

施于婕客家百年纏花展

密密的絲線，
是溫柔的祝福，
從古典婉約中
款款走來！

精緻細膩的美麗纏花，是客家傳之百年的民間藝術。客家人向來勤儉持家，早年客家女子除了親力親為、從事家務和生計之外，內在涵養也十分注重，客家女子從少女時期便須學習許多生活技藝，客家四美（針頭線尾、田頭地尾、家頭教尾、灶頭鑊尾）是最基本的技能，針頭線尾的女紅，也是每一位客家女子出閣時必備的嫁妝之一。奠基在此傳統習俗之下的百年纏花，帶有深深的祝福與喜悅的期待。密密纏繞的絲線，傳遞蜜蜜的話語，每一片纏繞的花，婀娜多樣，丰姿秀雅，平整的彩色絲緞，散發光澤，一絲一線都代表著製作纏花的女子，堅毅無比的用心和巧手慧心的婦德。

客家百年纏花，不僅是送給天下有情人的祝福，施于婕老師也說：「這綿綿密密交纏的藝術，也象徵女人是要被捧在手心裡呵護的。」

①
②
③

① 利用小工具，將絲線纏繞形塑。
②「青紅皂白系列」之青菊。
③「油桐花嫁」捧花。

施于婕百年纏花工坊除了延續傳統婚嫁用品之外，也融合了金屬及時下流行元素來貼近年輕族群，具有傳統與現代結合的文創賣點。二〇一七年六月在林百貨，展出的「愛染色相——青、紅、皂、白」系列中的「油桐花嫁」捧花，更是施老師創作的極品；林百貨再開幕三週年帶來的作品「鳳凰臻綻」，象徵鳳凰花盛開的六月時節，再開幕的林百貨就像鳳凰花一般火紅，也有「林百貨真讚」的美意。

在「客家百年纏花」策展期間，施老師特別在林百貨現場教學，那個充滿「絲」情「花」意的午後，施老

師以百年纏花，讓大家與細膩的傳統美學相遇。ＤＩＹ的作品是「圓滿花」，圓滿花綴與流蘇穗子，是歲歲圓滿的祝福。每位學員都順利完成作品，看著自己的纏花創作，超有成就感的。

見此藝術佳作，我覺得：天下有情女子都應該擁有一朵美麗的百年纏花，從古典的婉約中款款走來。

③ ② ①
④

① 天下有情女子，都該擁有如細密纏花被呵護的幸福。
② 新嫁娘戴著花嫁的喜悅與祝福的纏花頭飾，是祝福，也是客家文化的傳承。
③ 施于婕老師現場教學。
④ 圓滿花綴與流蘇穗子。

大內高手，旺旺旺！

狗年紙雕

娃兒進城看林百貨

林百貨屹立城區，向來是府城人熟悉的鄰家百貨公司，但是，放眼大臺南，幅員廣袤，對於許多偏遠地區的民眾來說，某種程度上是遙不可及的，尤其是郊區的學童，隔於地理形勢，與林百貨許多精質的活動擦身而過，十分可惜。為拉近城鄉差距，也為使郊區學童有看見林百貨、學生才華被看見的機會，於是，二〇一八年初，林百貨團隊特別策劃「大內高手，精雕細琢林百貨」的活動，前進偏鄉，邀請大內區二溪國小的五年級小朋友，剪出「五層樓仔」，為「林」迎新春。

二溪國小的林英娸老師原是林百貨再開幕時的員工，後來她轉任教職，在偏鄉服務。在她回來公司敘舊時，曾芃茵副理特別邀請二溪國小五年級的小朋友，為過年檔期「來福報喜迎新春」一起製作紙雕圖騰。四位受林百貨邀請的同學，很慎重地看待這次的工作，為使作品完美呈現，他們特別選了黃道吉日，手牽手「進城」來看林百貨。在林英娸老師的帶領下，他們走到每個樓層，看到每樣商品，或露出慧黠的眼神，或定睛凝視，然後頗有所悟地回到學校，開始摩拳擦掌準備製作這項「浩大」工程。為了同心協力，連已經轉學的楊馥瑄同學也一起來參觀，認識林百貨。

●一不小心就變成第四名了！

剪紙的圖案是由林百貨視覺設計陳易靖所創作的，在農曆春節前，曾芃茵與陳易靖來到了二溪國小，陪同小朋友一起製作。偏遠地區的小學，少子化的情況十分嚴重，這班同學只有四位：許鈺歆、許鈺莛、葉馥禎、葉芸欣，四人從小學一年級到五年級，都沒分班過，打打鬧鬧相熟了五年，一起讀書、一起遊戲，所以一起工作時，吱吱喳喳地比麻雀還吵鬧。看他們用手上的美工刀一筆一畫努力割著紙雕，小嘴巴卻沒停過，不到一小時，每個人的糗事都被彼此虧完了，三小時完工後，每個人那些得意的、笑話的、鬥嘴的歷史，可以寫一本傳記了。

一般人都以為偏鄉學校的班級人數少，學生的功課沒有壓力，事實上那是錯誤的迷思，目前教育部挹注偏鄉教育補助，各項設備也能急追城區的學校，因此孩子們的競爭壓力還不低呢！像這班學生只有四名，大家都是卯足勁拚功課，每次考卷發下來，還會圍著老師喬分數，很計較呢！「計較什麼呢？」我們實在好奇。他們放下手中正在雕花的工作，一齊大喊：「一不小心就會第四名，很恐怖耶！」這個班，每個人都有輪流當第四名的經驗，五年來，成功與失敗的共享經驗是一體的，難怪比家裡的兄弟姊妹還要熟，鬥嘴的本事可以簸出一籮筐，真有趣！

四位小學生的紙雕作品完成後，安放在林百貨展示，狗年旺旺的新春圖案很有過年的喜氣，孩子們的刀法略覺坑坑疤疤，反而顯現質樸純真的趣味，贏得許多前來林百貨參觀的朋友所喜愛。

其實這幾位學生在老師眼中，是非常認真、積極且充滿想像力的。曾芃茵說：「處在偏鄉的孩子，他們需要的不僅是物資，而是讓他們被看見的機會，像《花甲男孩》的作者楊富閔就是來自大內喔！」林百貨團隊走入偏鄉，提供美感學習機會，是深具意義的。

① 指導小朋友製作紙雕。
② 同學們各自畫出心目中的林百貨。
③ 充滿喜氣的狗年新春紙雕完成了！

②|①
③

萬般抒情總是詩

為林寫詩

林的過去，我來不及參與；
林的現在，我想要更靠近。

詩，是一顆明礬

如果繁雜擾攘的生活，可以放進一塊明礬，沉澱生活中的雜質，讓生命顯得淨潔靈透，充滿「為有源頭活水來」的可能，那麼這塊如神奇魔術般的明礬，必然是「詩」了。詩，是在生命逼仄的困境中，得以解脫而走向彷彿若有光的力量；詩，只隨生命成長，無關學識，無關技藝。一個詩人若能寫出動人的詩，不是因為他放了許多偉大的句子，而是因為他在生命的狹路中，與詩相逢。

林百貨是城市的一首詩，我們時常窺見這棟建築的美麗，也在日日與林百貨錯身而過時，從那些細微的建築肌理、朝暾夕照，或夜晚的光影裡，乍然有一份感動。在林百貨歡慶的活動裡，影影幢幢來此慶賀的人群、歌聲、笑語，也讓我們感覺圍繞在林百貨身邊習焉、遊焉、歌焉、藏焉的幸福與驕傲，所以，林百貨是適合寫詩的。

府城老當益壯的詩人林瑞明說：「所有的詩，都是／埋藏熾熱的火種／燃燒自己的心／瞬間，爆發產生／極大化的能量。」是啊，我們「為林寫詩」，是以抒情的語句，精鍊成篇，一一撰寫，彷彿迎向太初的喜悅，歌詠林百貨的風華與故事。

●篇篇得獎，均屬佳構

「為林寫詩」舉辦三屆，收集了不少優秀作品，每屆得獎的詩句，團隊都會以林百貨限定的精美稿紙，繕打列印，放在一樓好客廳的古老展示櫃裡，供訪客閱覽。透過琉璃一樣的鏡射，一篇篇得獎作品彷彿透著光，書寫著以林百貨為媒介、詩句為線索所交換的感動。索讀比賽的詩稿，片段成珠璣，終篇成錦繡，字字句句都是深情，林百貨團隊不僅打造城市的美麗地貌，也深化常民的文學景深。

「山盟海誓需要真實的憑據，這是寫給您的情書，在末廣町我要輾轉反側，小心翼翼將您碰觸，要在您的靈魂深處留下指紋，在生命的中心緊旋著堅實的年輪。」（〈寫給「您」的情書〉，王怡仁）。

「流籠緩緩上升又緩緩下降，讓他們走入你的天地，也讓他們走入彼此的世界，變成我的阿公和阿嬤，所有時尚和浪漫在五層樓仔，譜出府城戀歌。」（〈最短的情書，最長的愛戀〉，劉冠顯）。

老櫥櫃裡，山崎達也設計的稿紙上，一篇篇得獎詩稿寫就其上，字字句句凝鍊深情。

「大手牽小手，數著流籠的指針，輕啜那一窗文明，浪漫的八角窗啊……記憶中的紅飯，還飄香於鹽分地帶；隨著望春風舞動的紅鞋子，回響在磨石子上，滑過末廣町的銀光。悠然的鳳凰花，飲著咖啡香，飲進林百貨的絕代風華。」（〈歲末嘉年華〉，李靜旻）。

「種下一棵思想的樹，讓它開枝散葉，蔚為林，剪裁今晚月色，細膩縫製，詩歌的密度。文字善於旅行，沿著運河，進入濃濃古味府城，勇敢壯遊，我們擎起天光航向，文學的島嶼。」（〈文字的旅行〉，林世明）

● 一朵美麗的城市之花

阿根廷作家波赫士（Jorge Luis Borges）曾寫過一首詩〈柯立茲之花〉：「如果一個人，在睡夢中穿越天堂，別人給了他一朵花，做為他到過那裡的證明，而他醒來時，發現那朵花在他手中……那麼，會怎麼樣呢？」

每一回在林百貨的櫥窗裡，閱讀這些「為林寫詩」的作品時，我總是滿心喜悅。是啊，無論這些歌詠林百貨的詩，或是林百貨再開幕四年來與臺南城市生活的各項連結，在許多人的眼裡、心上，都是一朵美麗的城市之花。那不僅是夢中、想像中，更是一步一腳印走入我們的生活中，充滿詩意的花蕊。

臺南運河旁的鳳凰花開得火紅燦爛，為城市歌詠。（施廷龍 攝）

HAYASHI的曼波六部曲

慶

彼時，城市裡的人在神社祭典上
手拿飯匙，頭纏汗巾，
載歌載舞，擊鼓搏髀；
今日，林百貨以年年盛大遊行，
為城市書寫一次次的時代祭。

再看一眼你的美麗

二〇一四昭和摩登大遊行

●讓偉大時代走在街上

二〇一四年六月十四日，對於臺南城市來說，是歷史性的一刻，老臺南人暱稱為「五棧樓仔」的林百貨，在萬眾矚目下，正式再開幕。這段期間，國內外諸多媒體引領期盼，歷經幾十年的滄桑與臺南各界再現風華的努力，全臺灣唯一的「文創百貨」林百貨，到底會呈現什麼樣的新風貌？

在開幕前的六月十一日，是林百貨修復後首度對外開放參觀、拍攝的重要日子，邀請媒體將一樓到六樓的主題特色與故事搶鮮體驗外，同時舉辦「阿櫃回娘家」記者會，由當時的賴清德市長親自為兩座重回林百貨啟用的老櫃子揭頭紗；而我也為這充滿歷史意義的櫃子創作了一

這一天，在地熱情學生身披紅色看板，大聲宣告林百貨的新生！

首臺語詩〈阿櫃回娘家〉，並在記者會現場朗誦。

時隔八十三年後，林百貨以文創百貨店的型態重生，成為臺南新摩登時代的窗口，述說一個新生春芽的臺南新故事，也宣告臺南的新生活運動就此開展。

在這具有意義的一天，林百貨以打造末廣町「昭和摩登」為題，舉行復古遊行。六月十四日下午開幕儀式之後，四點半開始，舞台上演唱著昭和時代的歌曲，雞屎藤新民族舞團踊躍演出《昭和摩登》大舞劇。復古遊行於五點出發，遊行隊伍經過永福路、中正路，由臺南地區大專院校學生扮演的顏水龍、楊逵、葉石濤、八田與一等人物，臺南女中、臺南一中學生穿著日本時代的復刻制服等，與民眾上街同樂。

我們的想像是：在那個摩登繁華的末廣町銀

座，走在街上的男男女女，是大城市的小縮影，士、農、工、商、學生都是當代的活潑生命。扮演這些臺灣代表人物的年輕學生，也許不像葉石濤、不像顏水龍，但那無妨，遊行的意義是讓所有人看見我們曾經擁有這些位精采的前輩，是他們的風範，讓我們站在巨人的肩膀上，可以眺望更遠，前進更壯實。

①
②
③

① 前導車上，學生裝扮成臺灣代表人物。
② 當代的活潑生命，書寫我們的時代祭。
③ 復古裝扮，吸引攝影機的快門。

一個時代的自信與優雅

值得一提的是，舞台上雞屎藤新民族舞團的演出。二〇〇七年，雞屎藤曾受邀在臺南大型戲劇《王城之舞》演出，這是雞屎藤轉型之後第一次穿著時裝跳舞。其後，創辦人兼藝術總監許春香老師開始著手編導《昭和摩登》，就以家族故事為出發，用舞蹈演出父祖輩經歷的年代。

許春香的母親許黃進治女士，在一九三三至一九三五年任職於林百貨二樓，在洋雜部賣領帶，後來嫁給新化街益源中藥店的許家長子，婚後在好友許金蘭的美容院學習化妝美髮，之後開設美髮院，也做過舶來品買賣。黃進治在林百貨任職時，是一位摩登美麗的櫃姐，在林百貨任職三年的林林總總，常是家族茶餘飯後的閒聊話題。許春香將這些故事編成了歌舞劇，二〇〇七年以《林百貨的日常》演出林百貨櫃姐一天的生活，從這支十分鐘舞曲開始，到了二〇一〇年，就正式展演成八十分鐘的舞劇。

這齣戲碼翻修過四次，從《昭和摩登．府城戀歌》、《雞屎藤大戲院》、《府城三部曲》，二〇一五年與秀琴歌仔戲合作，完整編排成《我的多桑、卡桑與他們的昭和戀歌》，一次次都更細膩，敘述更深邃的絕世佳人般的故事。

因為要創作舞劇，雞屎藤行政總監、許春香的女兒陳慧勻翻出許多阿嬤的老照片，這些照

片曾讓七年級的她大大吃驚，當時關子嶺的寫真照裡，女性洗溫泉都是裸體入鏡，顯現臺灣當時十分文明、歐化、前衛的生活。正如鈴木忠志所言：「身體就是文化。」翻找老照片，看日治時期女性的肢體表現，坐、站、隨意自在的姿態，其實很可以看出摩登昭和時期人們的自信與優雅。

●「浮浪貢（ph-lōng-kng）」背後的時代切片

年輕的陳慧勻在追尋這些老照片的線索時，訝異地找到阿嬤在林百貨當櫃姐時絕世佳人般的影像，也發現多少年來一直看似「浮浪貢（ph-lōng-kng）」的阿公，竟然不是那種空有夢想、一事無成的生命。這位神奇的阿公，還真的身體力行跑到日本東京，捨醫科不就讀，偏去讀藝術大學表演藝術科，狂熱地實踐他的明星夢呢！

雞屎藤新民族舞團演出《昭和摩登》，以舞蹈詮釋當年林百貨櫃姐的日常。

閱讀過去的寫真，陳慧匀深刻體悟到：「阿嬤不只是阿嬤，年輕的時候婀娜妖嬈、正到不行，阿公也不是看來無所事事的阿公，黑狗兄每張照片都是趴哩啪哩，無人能及的帥！」他們過去的故事，豐富得讓我們無法想像；透過追尋阿公阿嬤的過往，發現那個時代的生活其實精彩無比。

阿公阿嬤的生活，其實正是臺南老一輩的時代切片，反映了老臺南的生活面向：開美容院、外出幫新娘化妝（哇！第一代新祕耶！）、開冰果室（夏天賣四果冰、冬天賣紅豆湯）、幫阿兵哥點歌放黑膠唱片、開梅蘭照相館……，一件件都是家庭生活，這些情節遂成為林百貨再開幕時，整個表演的重頭戲。

那天，雞屎藤以《昭和摩登》為題，擷取幾個精彩的曲目：〈林百貨〉、〈夫人またむ美容院〉、〈運河戀歌〉等，演出的內容主要是林百貨的一天，以及臺南的日常。從日常的動作出發，把電梯小姐如何推鐵捲門、怎樣化妝都化為舞步，然後配上陳宣名製作的音樂，如劇情中表演櫃姐拜神社，有昭和味的五聲音階；演出櫃姐販賣林百貨當時摩登洋貨的買賣情節，也有很歐化的西洋樂曲；最後用鄧雨賢的〈跳舞時代〉，表演擦窗戶、打掃、販賣商品、吃洋食喝咖啡、品嚐高級甜點的林百貨生活，當時流行的是狐步，所以將狐步舞的元素也放進去。

雞屎藤舞蹈團的演出，引起共鳴與熱烈迴響，之後，這個舞團也以「文學入舞」為努力目標，二〇一五年《葉石濤文學舞蹈劇場——葫蘆巷春夢》、二〇一六年《許丙丁文學舞蹈劇場——府城仙怪誌》、二〇一七年《少女黃鳳芝》、二〇一八年《大井頭．赤崁記》，每齣戲都是以現代的眼光看過去的故事，體現人物的生命選擇。

●我在，你在，林百貨也在

這一年，我跟著林百貨團隊籌備再開幕的活動，過程中，看到這個運轉靈活、耐操十足的團隊的工作效率。多少次的沙盤推演，都在林百貨一無所有的偌大空間裡踩來走去，看著電梯、磨石子地板、落地木窗，一日累積一日，漸漸也有了熟悉的情感。這家百貨公司，是當年的臺南銀座，物換星流，竟然得以保存，實在十分神奇！

許久後我才知道，林百貨團隊在活動結束那晚，當人潮散去後，關起門，一個個都在不同的角落，掩面哭了！多大的壓力，多大的期許，讓他們戰戰兢兢、拚了命也要交出一張不讓人失望的成績單，好不容易，搏命似的一天圓滿落幕了，他們百感交集，忍不住流淚了。每一顆晶瑩的淚珠裡，深藏多少愛與使命感，那是旁人無從體會的。

開幕那天，我站在台上主持了六小時的活動，台下萬人空巷，望不盡的人潮一波又一波湧來，在那一刻，我的內心也無比激動：「萬頭攢動，都只為見你風華再現，林百貨，你看到了嗎？」

現場也來了許多日本的團體，他們組隊前來，想必也是在時間中尋找屬於過往的記憶吧。昭和時代的老歌，雞屎藤新民族舞團的《昭和摩登》，動人地召喚了當年的流金歲月。

林百貨是一個線索，讓人重新思憶起純真年代；它的定調是常民的，是臺南市民的，是我們生活中歲歲年年的感動與驕傲。繁花盛開、鑼鼓喧天、萬人空巷之後，我願，你一直都在，讓我們永遠看見你的美麗！

彩帶飛舞，眾心所願，只為見「林」風華再現！

懷念一顆閃耀的星鑽

二〇一五從中國城到五棧樓大遊行

●運河與中國城興衰史

二〇一五年六月，林百貨再開幕屆滿一年，秋去春來，三百六十五天是一個圓滿，對於林百貨來說，這是美麗的週期。它，重現風華站立城市地標，然而就在這一年，臺南也有一個昔日閃亮的地標——中國城，正以瘖啞黯淡的身軀，襤褸地步入塵埃。一興一衰，乃見往來。在這歷史性的時刻，林百貨舉辦了「從

城市被世界看見，林百貨就是這一個窗口。

中國城到五棧樓」的大遊行，寓託深意規劃從中國城走到五棧樓。

昔日臺南府城與安平外港間，有許多水道提供客貨運輸，當時稱作「五條港」。幾經滄海桑田，隨著港道淤淺，五條港不復行船，日治時期遂開運河取代五條港，為商運所需，興建了一段船渠供漁船停泊，也讓魚貨拍賣與補給在此進行，於是造船廠、製冰廠、金融機構、南北批發商應運而起，市況繁榮。此段船渠延伸入市區，狀如人體的盲腸，因此老臺南人稱為「運河盲段」。

中國城的位置就在「運河盲段」，從日治時期到一九七〇年代，來自澎湖及其他各地的漁船，會在盲段南北側補充乾糧和漁具。隨著港道淤塞，盲段漸漸無法行船，終致廢港，連帶使得運河航運受到影響，大量都市廢水排入，終成又髒又臭的大水溝。運河盲段亦受水質汙染，始有填平之議。一九七八年，由北屋建設得標，將運河盲段填平，並由李祖原（李祖原建築師也是臺北一〇一的設計者）設計地上十一層、地下二層，外觀仿中國傳統宮殿的「臺南中國城」大型複合式購物中心，於一九八三年正式啟用。

中國城風光地開幕，分成前棟和後棟。前棟在中正路最末端，後棟則在金華路上，商家林立，是逛街、購物、玩樂的好去處。地下街也是熱鬧無比，當時的冰宮溜冰場，是很多年輕人聚集或約會的地方。

可惜的是，後來進駐許多賭博性的電子遊樂場，色情行業也竄入這個商機十足的賣場，中國城變成龍蛇混雜之地，環境髒亂，不肖分子的投機商業行為與色情行業大張旗幟，成為治安死角，人稱「毒瘤」。又加上海安路施工後，貪弊案件層出不窮，政治角力惡化了解決的時程。當中正商圈興起、百貨公司在各據點搶灘、夜市活絡成為熱點，市民購物逛街習慣改變之後，中國城的光環漸褪，終於黯然掩身，沒落下去，一個個空間成為蚊子館。

●龍脈傳說，運河悲喜曲

老臺南人對於地理風水的傳說甚多，中國城亦有龍脈一說：「日據時代，運河宛如一條水龍棲息著。」蓋了中國城，把直達運河的中正路截斷了，等於切斷中正路與運河的龍脈；又加上安平運河曾經流傳一個淒美的愛情故事，更顯其神祕性。

這個故事的男女主角是吳皆義、陳金快。西町藝妓館南華貸座敷的名藝妓陳金快，小時候曾經拿著五元到街上買東西，錢卻掉了，她一時情急哭了起來，正巧吳皆義路過，問陳金快哭什麼?了解情況後，吳皆義便給了她五塊錢回去向鴇母交差。陳金快長大後，點灯盤坐檯，兩人在藝妓館重逢，墜入愛河，吳皆義要幫陳金快贖身，鴇母卻要她嫁給出高價的大老闆為妾。出嫁那天，陳金快與吳皆義相約到新松金樓見面，飽食一餐後，便相偕投運河自盡。

這個淒美的故事，後來改編成電影，臺灣、香港各拍一個版本。「無情運河埋豔骨，一坏黃土斷癡魂。赤崁樓頭迷濛月，冷笑人間多一墳。」淒絕美絕的愛情，使得〈運河悲喜曲〉成為老一輩臺南人耳熟能詳的哀歌，在臺南運河取景拍攝的《運河殉情記》放映時，也是場場爆滿。當中國城沒落後，許多關於運河殉情的鬼故事應運而生，更加速這座商場墜入死城的命運。

●以華麗告別中國城

二〇〇五年，臺南市開始「運河星鑽」計畫；二〇一〇年，中國城都市更新執行計畫正式啟動；二〇一三年，市府預定拆除中國城，回歸落日大道的運河地景；直到二〇一六年三月，中國城正式被拆除。中國城陪伴臺南人走過三十三年歲月，曾是許多四、五年級生逛街、看電影的第一選擇，如今吹熄燈號，我們應該以怎樣的態度面對呢？

臺南，由於三百多年來的人物、歷史更迭，一直是個多元的文化地景，走過臺南街頭，明鄭時期的五妃廟、孔廟，清代的石碑，日治時期的臺灣文學館，甚或荷蘭時期的安平古堡，一切一切都在城市具足了。生活在這個城市的居民具備的雅量，是讓這些都成為不可抹滅的記憶，歷史的精彩是一加一等於二，而不是一減一的抵銷。因此，用最華麗的遊行，告別中國城，是對它存在三十三年的禮敬，這是林百貨團隊籌劃「從中國城走到五棧樓」的意義。

●一路嗨到翻

營運一年來，已吸引超過一百四十萬人次造訪的林百貨辦活動，果然是魅力不可擋，遊行隊伍從中國城地下街出發，走到林百貨，並且封街辦文創市集，吸引人潮萬頭攢動。隊伍中，臺灣黑面琵鷺、日本宮城縣伊達政宗Q版Musubi丸，兩城市的吉祥物加上河童仙貝玩偶，配合林百貨店旗領軍，象徵林百貨跨越日、臺的歷史身世與建立起的臺、日新友誼。

臺南在地大學與中、小學生都組隊參加，場面熱鬧滾滾！臺南一中鼓號樂隊一路走著，一路與市民互動，紛紛接受點歌，吹吹打打歡樂前行；成功大學的競技啦啦隊也不遑多讓，聽到掌聲就來一段精彩的表演，馬路就是舞台；臺南女中學生身著該校百年來的歷屆校服，還有南

英商工棒球隊、崑山科大學生所扮演的昭和時代庶民、博愛國小醒獅團、Kan's的復古女伶、著傳統和服的臺南市臺日友好交流協會、晶英酒店的摩登時代裝扮……，遊行隊伍沿中正路一直走到林百貨，絕無冷場。

① 以一次熱鬧的遊行，珍惜歷史給予的記憶。
林百貨員工穿著制服率先出發！
② 活動文宣。

皮鞋
TOP
國立臺南第一高級中學

城
NCKU
登

TOP
府城慶
慶

VITO

⑦	⑤	②	
⑧		③	①
	⑥	④	

① 偉士牌機車也出動了。
② 臺南一中鼓號樂隊。
③ 成功大學競技啦啦隊。
④ 燦爛的笑容，跟天氣一樣熱情。
⑤ 博愛國小醒獅團。
⑥ 臺日吉祥物代表：黑面琵鷺、Musubi 丸、河童仙貝。
⑦ 傳統和服亮相。
⑧ 臺南女中展現歷屆校服。

同時段在舞台上，則有雞屎藤新民族舞團演出以家族故事為本的舞劇，呈現從日治到戰後的府城老時光，最後雞屎藤再現日治時期林百貨從頂樓灑糖果的場景，為整個活動帶到最高潮。

② ①

① 雞屎藤新民族舞團再度帶來生動表演。
② 民眾寫給林百貨再開幕一週年的祝福卡，掛滿窗格上。

以一次熱鬧的遊行，讓一座建築物三十多年的歷史風光落幕，這是林百貨的溫柔體貼，也是看待城市記憶的寬闊視野。二〇一五這次大遊行，是林百貨帶給城市的禮物，凡走過必然留下痕跡，我們要以珍惜記憶的態度，看待樓起樓塌、日昇月落，這才是宏寬而深情的城市生命。

遊行結束的這一夜，我與林百貨辛苦的團隊人員癱坐在舞台上，人潮漸漸散了，許多人帶著滿意歡欣的笑容跟我們 say goodbye，這一天，從早上彩排，到深夜收攤，我們都練成鐵腿、鐵臂與鐵人了。當日氣溫平均三十四度，大暑天氣啊，身上的汗水留了又乾、乾了又流，林百貨的員工們穿著黑色制服，每個人的肩、背，竟然都有結晶的白色汗鹽拉出的蜿蜒水痕。我們拍一拍身上的汗漬，心想：明年，好像應該選在冬天辦遊行吧。大家相顧而笑了！

西裝大叔，帥得有理

二〇一六從五條港到五棧樓大遊行

●越來越多越熱鬧

當哈雷遇到和服，西裝遇見古蹟建築；當五條港遇到五棧樓，會爆出什麼火花？來看看二〇一六年林百貨的大遊行，就會知道！

十二月三日下午三點，「府城摩登大遊行」出發了，比起二〇一五年的遊行參與人數，又增加了一倍。是日暖陽高照，真是府城最溫煦的日子。遊行隊伍從海安路出發，經過水仙宮市場、國華街、西門路轉中正路，將城市圍繞成一個綵列花圈

般，喜氣洋洋。這次以「五條港到五棧樓」為主題，象徵府城的繁華區域，一路從老城區五條港轉移至林百貨所在地——末廣町，這條動線標示了臺南從清朝到昭和的商業經濟史，對於生活在臺南的人來說，是深具意義的史詩。

① 活動主視覺由小川奈穗設計。
② 還記得頁 28 的老照片嗎？昔今對照，不同的時代，不同的慶典與人潮，而林百貨，一直都在。
③ 遊行前導車上有正興街貓、黑面琵鷺和日本山口縣吉祥物。

這次遊行參與者有：臺南市臺日友好交流協會的和服常民、晶英酒店懷舊裝、Kan's 復古女伶、臺南一中管樂隊、臺南女中制服秀、家齊高中藍天儀隊、南英商工棒球隊、撕破騎士團的哈雷機車和骨董車、西市場帥哥訂製服等；崑山科大學生穿戴國寶級電影看板繪師顏振發親手繪製的廣告看板，成大學生把古蹟穿上身，以及臺南多所大專院校共同打造特色服裝造型，力求彰顯臺南的歷史文化。其中臺南一中管樂隊當日在高雄市文化中心還有演出，仍然不放棄遊行的機會，奮力走到終點五棧樓，才快閃趕去表演，力挺的精神令人感動！

●乘風破浪駛大船

臺南企業文化藝術基金會與南臺科大創新產品設計系的張家誠副教授、陳亞麟老師，結合設計創意課程，獲得志鋼金屬與永豐餘公司的支持，帶領「創思設計坊」，親手完成各項代表臺南文化主題的大小船艦作品。其中主船艦「產達林二號」，長約六公尺、寬約三公尺、高約四公尺，設計概念源自日治時代的古船艦，一側點綴日式風格，另一側則以破孔象徵林百貨遭受槍彈洗禮的歷史。船艦內部是傳統臺灣元素，如酒矸仔等，重現早期臺灣生活風貌；頂部裝

①
③ ②
④

① 撕破騎士團的哈雷機車，氣勢壯大。
② 當西裝大叔遇見蝙蝠俠！
③ 家齊高中藍天儀隊。
④ 學生們可愛的復古裝扮。

飾著最具代表性的林百貨電梯，象徵文化伴隨時代演進。

主船艦前，伴隨著十一艘各具特色的小船，分別為「夾起來的麵比較厲害」、「牠眼中的世界」、「林飛船」、「綠『林』」、「林海盜」、「乘風破浪號」、「傳說的林百貨新娘轎」、「龜仙人」、「虱目魚！衝啊！」、「移動的林百貨」、「孔廟金剛」等，代表臺南風土、水果、特色美食、文化古蹟與生態生物等元素，形成氣勢磅礴壯觀的艦隊，充分體現南臺科大學生兼具創意的實作能力，戴謙校長也親自領隊參與遊行。

●西裝大叔，歐賣尬！

西裝大叔的創意，是這一次遊行最閃亮的焦點。主導這個團隊的是臺南謝宅的主人謝文侃，人稱小五。小五老家是西市場一號，自祖輩就生活在市場裡，以製作西服為業。

南臺科大的「產達林二號」，以船艦展現創意。

西裝大叔告訴我們：穿西裝，不是為了表現時尚，而是表現生活的樣態和時代的景深。

小五說：「市場是臺南下一個機會。」近年臺南都是以「街」為單位成長，如神農街、正興街、信義街，但是街的發展有其極限，而從極限找到的出口，就是市場。市場是臺南下一個機會，也是讓臺南更好玩的關鍵，因此，市場一定要活化起來，才能深化臺南的景深。西市場、東市場、水仙宮市場、鴨母寮市場等都很重要，但是要讓市場活化、啟動的前提條件是：讓市場被看見！比如西市場最重要的特色是布，如何讓人看見「布」這件事，就是首要任務。

現今的西市場，大部分都是訂製布料的中盤商，其實早期市場最大宗的生意是訂製西裝。當時西門路上有很多金銀店，在地人家有喜慶時，買金添銀，然後沿街就轉進西市場來，做一套體面的西裝或套裝，準備參加典禮。一條鞭的生命禮俗，都在這段路完成了。訂製西服在早年是臺南人很重要的事，檢視許多老照片，可以發現老一輩人都是穿西裝留影的。小五還記得，小時候家裡的布店時常要準備盒裝的布料，讓人採買去送禮，禮盒裡頭裝一條西裝褲的布，體面周到又實用。「那是一個沒有憂愁的時代，只要認真就會賺到錢，賣一個賺三個。」小五笑著說。

生活現場就是文化，穿西裝，不是為了表現時尚，而是表現生活的樣態和時代的景深。小五以這個理念為出發，二〇一五年首度舉辦西裝日，當時市府有計畫拆除西市場，並禁止二行程摩托車上路，意即偉士牌機車即將從馬路上消失，為了呼應這兩個議題，於是用軟性的文化輸出，表達抗議與敘述權。二〇一六年西裝大叔再度出擊，加入林百貨的遊行，沒有想到，成為令年輕人驚聲尖叫的爆點。

在這街氣與儀式場域已經漸漸消失的時刻，一個西裝日，讓年輕人知道在臺南是很適合穿西裝的。而且，訂作西服是整個體面的大事，可以與修容的大西洋、理髮的大東方，以及新美街昭安理髮店結合，活絡臺南的參訪路線，深化遊客對於「裡臺南」生活的理解。臺南這個城市是可以思考的，在吃吃喝喝之外，西裝訂製服邀請大家更靠近臺南一點！

●從歷史臺南走向文化臺南

這次的大遊行頗有「府城文化繞境」的意味。一九三二年，林百貨初開幕，新奇的舶來品、現代化的電力流籠、華麗的裝飾主義，從「和風」走向「歐風」，成了南臺灣的驕傲，也讓末廣町成為繁華的街區。雖然歷經轟炸、沒落、頹圮，但臺南人懷舊的護持與催生，讓林百貨開啟了重生之路。林百貨再開幕，不僅從「歷史臺南」走向「文化臺南」，更連結了臺南人共同的記憶。

比如，在這次遊行中，大學生發想表達鴨母寮朱一貴事件，將當年鴨王的氣勢用永豐餘的瓦楞紙再現；也有學生將臺南特色建築如普濟殿、西街教會、林百貨等穿在身上；也有以林百貨建築為造型的船艦，結合清朝貿易風格與日治末廣町建物，船上的指針停在一九三二年，象徵再一次回到摩登時代。

創意來自於深耕的理解，在大遊行中，我們看到年輕一輩用他們對臺南歷史文化的閱讀，表現屬於我們的時代祭典，於此，臺南有幸，臺南人有福！

那一碗阿爸的紅飯

二〇一七文學更上五棧樓大遊行

在文學裡，我們同行

臺南「全臺首學」孔廟前有一塊石碑，銘刻的漢文是「文武官員軍民人等至此下馬」，那是臺南城市最驕傲的石碑了，斯文廣被，禮樂文化設教，無論武韜如何彪悍，無論官銜如何高大，在文化的面前，人人俯首謙卑！

在臺南，文化與文學確實是一股既風雅又浪漫的波流，一代代的前人以詩詞、文章讚美吟詠當時的風範，曲水流觴的花園裡，文人結詩社擊缽吟；赤崁樓頭，文人以古典呼喚千百年來的夕照；臺灣文學裡壓不扁的玫瑰——楊逵，他也如此甘心，用六百餘字為人民發聲的文章，換來十二年綠島小夜曲的禁錮！臺南人生活像詩，思考像文學，也許顯得不合時宜，但是，時代的浪潮淘洗之後，浮名幻權沒有留下，臺南人倒是用文學活得一脈相傳，有滋有味呢！

及至今日，在臺南的春、秋季茶席，大小文化活動，都要寫一、兩首詩應景，有時我覺得那是一種過癮，「舞低楊柳樓心月，歌盡桃花扇底風」，就是一派風流。

葉石濤在〈臺南的古街名〉一文中提到：「我童年時候臺南是一個田園型的小都市，人口約十三萬，整個城市裡頭種植的樹木特多，充滿了綠色植物的這古老城市，日本人常稱呼為樹林之都。」詩人林瑞明也用這樣的蓊鬱懷念葉笛，他說：「在南方的熱帶公園，我們散步、走路，繞行，一棵棵不同的樹種，談天說地，群樹，也是我們的老朋友。……當樹葉被陣風吹動，晨霧裡彷彿有笛聲傳來，昔日的言談笑容仍在，我感知仍然兩人同行。」（〈二人同行　給葉笛〉）同行的何止兩人，在臺南，我們不知不覺都與文學同行了。

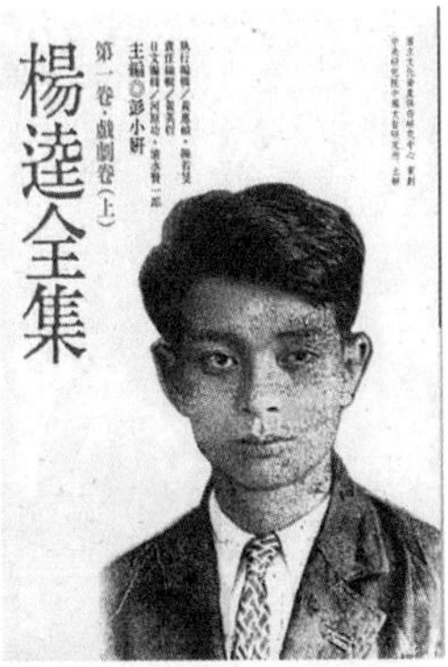

①
②

① 臺南文學家楊逵，以階級批判精神，書寫文學，參與社會運動。
② 臺南文學家葉石濤，在臺灣文學最昏暗的時候，用鄉土點亮一盞燈。

二〇一七年林百貨「文學更上五棧樓」大遊行，就是呼應這個與文學同行的腳步！藉著扮演文學家走上街頭，讓我們重新回憶：我們曾經擁有這樣龐大的文學部隊！

●文學主題車廣播作家作品囉！

這一年，林百貨結合新銳設計與傳統工藝的創新思維，獲得國家產業創新獎的肯定，而且造訪人數突破四百五十萬，為八十六歲的林百貨歷史再添一筆光榮紀錄。以「文學更上五棧樓」為主題的遊行隊伍，在臺灣文學館館長廖振富的啟航下，從臺灣文學館出發，途經孔廟、原臺南地方法院舊院，以及正在修建中的臺南美術館，經永福路、中正路，回到林百貨。遊行的主題車以鋼筆、墨水、臺灣文學書籍等元素裝飾，車上並以廣播劇沿途播放

沈光文、楊逵、吳新榮、葉石濤等文學家的作品。

遊行隊伍中，學生們發揮社團才藝，展現府城學子的活力。奇美博物館則以西洋文化風格，呈現藝術、兵器、音樂等各展廳的特色。另有慕紅豆、流浪者、綠豆皮、銅錢草、阿添酸梅湯的攤車隊，過去這些手推攤車在臺南各角落早已累積高人氣，這次以臺灣文學妝點攤車，更增可看性。

臺南晶英酒店以旗袍、唐裝為題，展現一九三〇

① 楊逵作品《送報伕》。
② 《吳新榮日記全集》，一部兼具庶民日常面貌與知識菁英自我反思的寫實紀錄。
③ 許丙丁作品《小封神》，以臺南廟宇為舞台的神怪漫畫小說，寫於日治時期。
④ 奇美博物館遊行隊伍以西洋裝扮呈現各展廳特色。
⑤ 小小店長們也參與遊行。

年代的氣質名媛風采；二〇一七年新加入的老爺行旅，在唐伯川總經理帶領下，以海洋意象設計的制服出場；大億麗緻酒店則以復古婚紗、新郎裝扮，呈現上一輩的嫁娶文化……，各個飯店莫不絞盡腦汁，為府城的文化場景留下美好的回憶。臺南女婿大洞敦史，在遊行中也彈唱好聽的三味線。

上一屆夯到驚聲尖叫的西市場大叔，更以葉石濤的文學路線為主題，到各古蹟、老戲院、小吃攤拍攝西裝大叔宣傳照，以臺南謝宅、小丰川、倫敦男孩、美菊、泰星球、尚禾、普羅民咖啡、古蹟修復師蔡舜任為班底的新一代西裝大叔，穿著三件式西裝，展現挺拔帥氣的身姿，照片充滿了紳士氣息，也讓更多人了解西市場訂製服文化，在網路上引起廣大討論。

西裝大叔的帥氣宣傳照。（鹿透攝 提供）

另外，三十位骨董腳踏車愛好者 Tweed Run 是自動報名的團隊，以愛惜老物、提倡紳士淑女的精神相挺，與林百貨傳承雋永的生活文化的精神相應。負責本次主視覺設計的插畫家山崎達也，也與妹妹山崎華子從日本來觀禮；在臺南市臺日友好交流協會牽線下，這次大遊行邀請到全日本第二名、埼玉縣本庄市的吉祥物陶俑 Hanipon 來走街，一年一個海外城市來與臺南交流，也成為替林百貨慶生的佳話。

● 舞台上艷紅的夢

在遊行時，同步也由我在舞台上主持臺灣文學音樂會，牧歌音樂工作室的陳景昭、吳珮嘉化

Tweed Run 臺灣團隊，提倡紳裝復古，單車慢騎。

音樂會上，Saker 薩客四重奏表演薩克斯風樂曲。

身鄧雨賢、純純，演唱經典歌曲；來自日本的音樂家里地歸，也帶來以葉石濤《齋堂傳奇》為題材所編寫的〈一輩子〉，美妙歌曲收入在《艷紅的夢》專輯裡。正興幫代表高耀威，創作詩詞作品慶賀林百貨的生日；文學家吳新榮後代、佳里新生醫院吳南河院長及其家族，葉石濤兒子葉松齡先生，以及許丙丁的後代許可戰先生，都特別前來觀禮。

吳新榮日記中曾提到數次與妻兒一同來林百貨享用美食；而葉石濤在散文〈母親——戰鬥天使〉中提到：「在我的記憶裡留著的深刻印象是母親濃妝艷抹，著民初婦女裝，打著斑爛陽傘，牽著我的手，到府城的銀座林百貨公司去替我買衣服時的那青春，美麗的風采。我的母親愛打扮，喜歡追逐流行的癖氣從來不改變。」這些文學內容，都一一在遊行隊伍中精彩呈現。

一碗紅飯的家族記憶

音樂會的高潮，是邀請末廣町醉仙閣後代吳坤霖先生，以吳新榮日記裡的五棧樓料理「紅飯」為主題，特製生日蛋糕。賴清德院長、臺南市代理市長李孟諺、佳里新生醫院吳南河院長一同切蛋糕。一碗紅飯，是吳院長思念父親的深刻印象，文學家吳新榮在人生的重要時刻，像小孩滿月、團聚慶生，幾次帶著家人到五棧樓的食堂大快朵頤。吳院長特別回憶起當年和父親來林百貨吃「紅飯」的幸福，紅飯就是蛋包著番茄醬炒飯，簡單的味道卻是他懷念父親的難忘滋味，林百貨的五樓食堂滿載了他童年時最珍貴的家族記憶。

鹽分地帶❖的文學領航者吳新榮，在〈思想〉一文中提

以「紅飯」為主題的生日蛋糕。

到：「那就問我的心胸吧，熱血暢流的這個肉塊，產落在地上瞬間已經就是詩了啊。」想起這樣深情灌溉文學土的前人詩句，內心總是激昂澎湃。臺南，何其有幸，以文學站成一片蓊鬱樹林！這一天，我們以禮敬臺南文學家的精神，熱情地讓文學與五棧樓與天地同寬等高。

〈一輩子〉

詞／曲：里地歸　中文譯詞：王美霞

輕輕地　我問候　渡海的鳥喲
是不是曾經看見遠方想念的人
用思念　畫一張　一張美麗的星圖
浮雲啊　請不要　遮住指路的方向

多少年　多少次　風輕輕　敲門扉
是你嗎　我心期待　再歸來的你
沐浴在　夕陽下　運河的水波霞影
就像那　印象中　你甜美的微笑

那初遇的你啊　是我生命中
從相逢　等待到　地老天荒的愛啊

一起編織著夢想　用心工作和戀愛
牽起手　許下誓言　共度今生和今世
歲月寂靜而美好　現世也安穩
慢慢過呀　你和我　這樣的一輩子

懷念你的身影啊　臉頰柔嫩的芬芳
胸口溫暖的心跳　在眼前　在夢裡

相遇啊　分離啊　等待啊　盼望啊
收藏在　心箱中　一一記憶　彷彿昨日

那初遇的你啊　是我生命中

日本音樂家里地歸，以葉石濤《齋堂傳奇》為題材創作〈一輩子〉。

夜晚的林百貨，靜謐卻耀眼！

從相逢　等待到　地老天荒的愛啊
踏著斑駁紅磚路　明明滅滅光影中
愛的你　回來了嗎　你已經回來了嗎
愛的你　我還在地老天荒等著你

❖「鹽分地帶」是指臺南沿海北門、將軍、學甲、佳里、七股、西港等六鄉鎮，自日治時期即文風鼎盛，有「臺灣現代文學搖籃」之稱，產生了吳新榮、徐清吉、郭水潭、王登山、黃勁連、莊培初、林清文等著名的詩人，俗稱北門七子，構成了鹽分地帶詩人群落。

線上聽里地歸唱〈一輩子〉，
請掃描 QR code

I II III IV V VI

HAYASHI的曼波六部曲

旅

那是帶一本書，走十里路，
在草綿綿處尋夢的浪漫，
也是踏著悠然步伐的自在。
銅板小旅行是以林百貨為圓心，
專家帶路，穿街走巷，
尋訪臺南幽微的光影與故事。

緣起

那面向日落的八角窗
——林百貨的銅板小旅行

林百貨所舉辦的銅板小旅行，除了讚美五十元的體貼創意之外，最值得一提的，是黃建龍老師從一九九七到二〇〇〇年以文學散步的角度，研究葉石濤作品的臺南文學地圖。

在他完成的〈葉石濤的府城文學地圖調查報告〉中，清楚地發現，葉石濤是一位大量在文學作品中書寫臺南地景的作家。為了完成這份報告，黃建龍大量研讀葉石濤文本，只要是作品中出現三次以上的景點，就列入整理的資料中，將過去與現在做比較；如果可以找出老照片，便與現今風貌對照，其中許多虛構的地點，他也與葉石濤面對面確認所在。這是一份有系統研究葉石濤文學地景的嚴謹論述，從中，我們發現了文學與城市的美麗邂逅，臺南的一景一物更值得流連探索。

葉石濤曾經在作品中寫到：「阿姆就帶我到當時臺南銀座最大的日本人開設的百貨公司去買一身服飾。」

葉石濤童年的記憶中，有許多庶民的老街與飲食，摩登的林百貨也不時出現。建築、街道對他而言，不只是一個時代，而是一種當時的知識分子對於現代化與世界知識的渴求，所以，林百貨的年代，正是葉石濤成長到青春時期很重要的訊號。

後來，黃建龍將這些地點做成一張臺南文學地圖，流傳甚廣，也使得林百貨團隊有了以文學地圖為發想的旅行，甚或，以走春、美食、探索職人這些主題的小旅行。每趟旅行都有熱心的專家帶路，領隊熟門熟路的，又有豐富解說，成為林百貨秒殺的熱門活動。

每場小旅行規劃的路線，帶領有緣人進入主題故事中，昔時記憶片片段段顯現，讓人清晰地看見城市的身世。

小說《姻緣》寫到：「看到窗外去……在遙遠的天際有一條銀白色的帶子，那是通往大海的運河。」從林百貨五樓八角窗望出去的景致，正是葉石濤筆下的美景。

府城民主歷史＋葉石濤文學地景散步

黃建龍帶路

路線特色 文學的小旅行

林百貨顧問黃建龍老師研究葉石濤書寫臺南的小說時，發現書中的景點，都可以找到線索。比如葉石濤經常到淺草西市場買書、買日文雜誌，當時的宮古座、大舞台也是葉石濤常去看戲的地方。二二八事變時犧牲的臺籍菁英王育霖檢察官，以及逃亡日本的臺語文推動者王育德，對葉石濤的影響很大，小時候他就在大舞台看過兩兄弟演新劇，也常在萬福庵玩耍，

帶路人：黃建龍老師。

然後走王家後門去找王氏兄弟。因此，民權路與永福路的小巷弄，充滿了葉石濤的逡巡腳步，足以踏查一代文學家的生命地景。

這條文學踩街路線從林百貨出發，先來到西市場及延平商業大樓，這是臺灣日治時期的「宮古座」。當年「宮古座」和同一條路上的「大舞台」，以及「戎座」和「世界館」，是四大享有盛名的戲院。宮古座是看臺語電影、日本電影、歌仔戲、新劇的娛樂場所，觀眾席鋪著榻榻米，入內以跪坐方式看戲，一場戲看下來，常常跪得腳麻身僵，因此當時人以臺語「艱苦坐」戲稱其名。

這座戲院在二戰後被國民黨徵收，改名「延平戲院」。一九七〇年代，原延平戲院拆除，改建為十二層樓的延平商業大樓，內有戲院與百貨賣場，營業最盛時，曾上演《梁山伯與祝英台》，造成萬人空巷。

現今的延平商業大樓，昔日的宮古座。

之後，商圈沒落，閒置多年。二〇一三年，政大書城進駐後，李信賢老闆有心耕耘，活化商圈，帶動新活力，一樓有九乘九文具店與星巴克進駐，四、五樓有真善美戲院進駐，播放經典電影，使得大樓成為臺南極具藝文特色的觀光客聚集區。

接著來到全美戲院，探訪老戲院的播放室，回想葉石濤看完最後一場電影《紅鞋子》之後，回家被捕的光景。

再繼續走入永福路巷弄中，那裡有一棟近來鮮為人知的共和醫院，那是當時文化協會的重鎮。臺灣在一九二〇年代非武裝抗日時期，醫師同時也是社會活動家的韓石泉先生，毅然投入臺灣文化協會的活動，並於一九二二年與黃金火在民權路共同開設「共和醫院」。取名「共和」，是表達對共和國理想的企望，這家老醫院，是那個年代知識分子集體理想的投射。一九二九年兩人合夥期滿，共和醫院交由黃金火經營，後傳給蔡文隆醫師。據黃家後代表示：蔡文隆是黃金火的二兒子，過繼給妻子蔡鳳隊的兄長而改姓。蔡文隆醫師沒有子嗣，之後醫院吹熄燈號，徒留偌大的蕭條堂宇，供後人參觀。醫院門口「功同良相」的木匾，是杜聰明博士題字，十分珍貴。

最後沿著蝸牛巷，一路回到林百貨。

由黃建龍老師帶路，走一趟文學之旅，拜訪當時的建築痕跡，深入了解文學家葉石濤的生

共和醫院，昔時是醫病的診所，
也是文化協會的重鎮。

活樣貌，以及那個時代的歷史。尤其來到葉石濤故居時，看一看葉家家道中落後，住在隱蔽的窄巷裡，葉石濤父親曾感慨地說：「住在這個連棺材都抬不出去的房子。」是怎樣淒涼的光景。

隨著文學家的筆觸，遙想文學作品中所描述的故事場景，那個悠悠美麗的年代，瞬間化為跨世紀的浪漫。

散步路線

林百貨▼中正路（末廣町）▼西市場▼百珍西點：爆漿大泡芙▼延平商業大樓（宮古座）▼葉石濤故居▼永福路▼全美戲院及大井頭▼共和醫院及民權路周邊▼忠義路▼林百貨

灰色門後面的房子，是葉石濤故居。

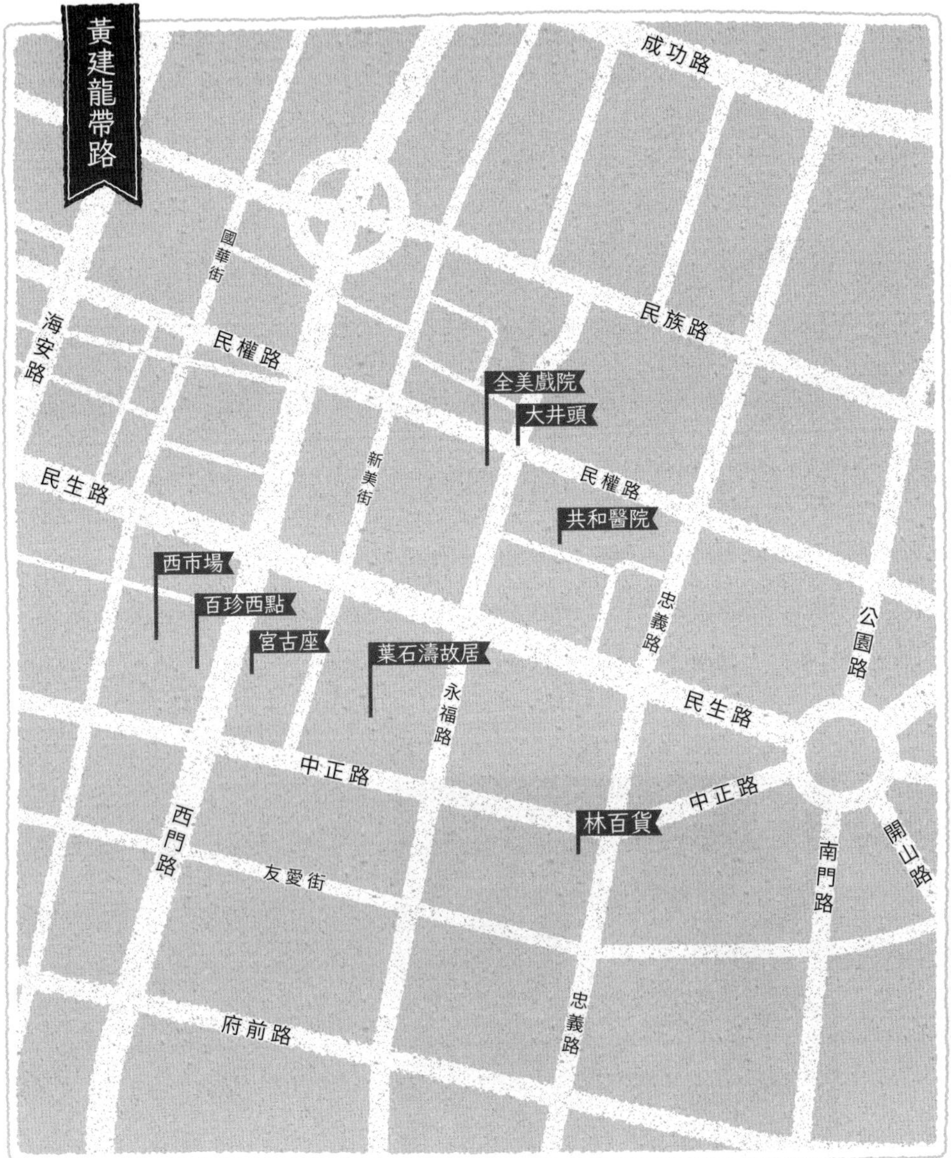
黃建龍帶路
成功路
國華街
民族路
海安路
民權路
全美戲院
大井頭
新美街
民權路
民生路
共和醫院
西市場
百珍西點
宮古座
葉石濤故居
忠義路
公園路
永福路
民生路
中正路
中正路
林百貨
西門路
友愛街
南門路
開山路
忠義路
府前路

臺南巷弄裡與職人抬槓

阿春爸帶路

路線特色 **探訪職人的小旅行**

阿春爸的職人抬槓小旅行，是為過年時節來拜訪的遊客所企劃的路線，環繞著蝸牛巷周邊，是真正巷仔內的臺南走街。避開了萬頭攢動的熱鬧景點，這條與職人抬槓的踏查，竟然也走出悠然不嘈雜的愉悅參訪之路。

阿春爸的這條路線，以新美街為中心。新美街，舊稱米街，在民風純樸的年代裡，已有各式各樣的店家林立，整條街熱鬧不已。清朝時，臺灣唯一一對「父子進士」施

瓊芳、施士洁也出身米街，所以，新美街除了百工各業之外，也多了一份人文雅士氣息，至今在許多人的努力下，這條街仍保有濃郁的藝文氛圍。

從林百貨出發後，沿著中正路轉到中正路巷內的雙全紅茶，看到新億成製麵店，買一根冬季限定、最道地的蒜蓉枝品嚐。蒜蓉枝的食材很簡單，就是麵粉、水和酵母，然後搓成一小段長條下鍋酥炸，火候絕對是一門學問，有眉角的老師傅瞬間便可炸出酥脆的麵條枝，攤涼後，裹上糖衣，糖霜裡除了白糖加水熬煮之外，再多加了蒜蓉醬，所以帶有蒜頭的芳香滋味，這可是老臺南人的懷舊必食點心呢！

② ③ ①

① 帶路人阿春爸，與小旅行團員合影。
② 有濃厚藝文氛圍的新美街。
③ 新億成製麵店，老闆娘正在炸意麵。

走到臺南當地人稱為榕樹下的廣場前，有總趕宮。總趕宮原名「聖公廟」或「聖公宮」，於乾隆年間改稱「總管宮」，道光年間訛傳成「總趕宮」，立下「重興總趕宮碑記」後，延用此名至今。總趕公爺生前是海泊總管，又稱「總管爺」，是航海的守護神，當時，五條港航業興盛，來朝拜這位職人保護神的信徒門庭若市。榕樹下的廣場夜晚有燒烤海鮮，滋味極佳，是道地臺南人隱藏版的巷弄美食祕境。

蝸牛巷是文學家葉石濤在臺南的最後一個居住處，在他筆下是一條彎曲小巷弄，就像迷宮一樣，一個不小心，就從無法預期的出口轉出來了，逛起來相當有趣。到了北巷老街，就可以看見「老得木雕，無師自通」的招牌。老得爺爺本名張聖曫，年輕時是蜜斯佛陀的櫃哥，退休後成為無師自通的木雕手，雕刻袖珍型「傳說中的廚具」，做工精細，經由部落客的介紹而打開知名度。

③②①

① 總趕宮，主祀倪府聖公爺，為臺南特有的神明。
② 蝸牛巷之名，源於葉石濤在《往事如雲》所說：「在這蝸牛巷的巷頭買了老屋居住，貪的是這巷路位於府城西門町最繁華熱鬧的宮古座戲院後頭，是鬧區中幽靜的山谷的關係。」
③ 無師自通的木雕手老得阿伯。

無師自通
素人木雕手
同是異鄉人
外星來客
問：天下多少知音人
北巷古街
勤耕府城台南
(北巷)巷長
老得木雕
北巷雕手 老得
由此現影
無師自通
藝術小菜刀專家
專賣
素人木雕手
無師自通自學
樸實 土創味
重拾失落
純樸の府城人
充實 多彩多姿豐富人生
同得喜悅
藝術小菜刀專賣
珍貴木頭精華作品
手工
黑檀木
全國不二家
觀賞
歡迎
老玩童的畫：古錐古錐的
展現府城藝術文化素質
懷念早期庶民生活的點點滴滴
仙草
愛玉
呷冰
顧肺經
豬血湯
粿仔園
日本鳥取漫畫
鬼太郎

接著拜訪全美戲院的顏振發師傅，顏師傅十五歲便跨入電影看板繪畫行業，歷經延平戲院、王后戲院、國花戲院、統一戲院、中國城戲院、今日戲院、全美戲院等畫師工作。最後，到吳萬春香舖看師傅製香。吳萬春香舖是臺灣碩果僅存、依循古法製香的香舖，天然香木佐以漢藥製成的線香，至今仍是極品。

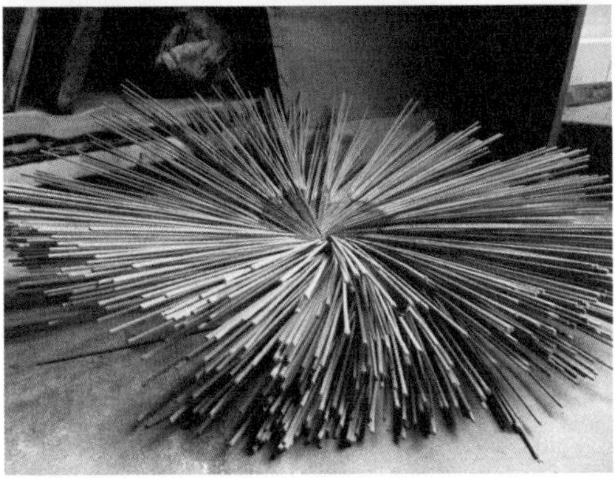

① 老得木雕屋外的塗鴉牆。
② 吳萬春香舖師傅熟練的製香工法。
③ 靜置曝晒的香枝。

阿春爸為了每一次的小旅行都卯足全力規劃，行程中可以與當地職人面對面互動，而每一位職人也使出渾身解數說解生命小故事，使得參與小旅行的朋友收穫滿滿！

散步路線

林百貨 ▼ 中正路巷弄（雙全紅茶、新億成製麵店）▼ 總趕宮 ▼ 蝸牛巷 ▼ 新美街 ▼ 北巷古街老得阿伯（木雕職人）▼ 全美戲院顏振發師傅（手繪電影看板職人）▼ 吳萬春香鋪

漫步蝸牛巷，時時可與葉石濤的文字相遇。

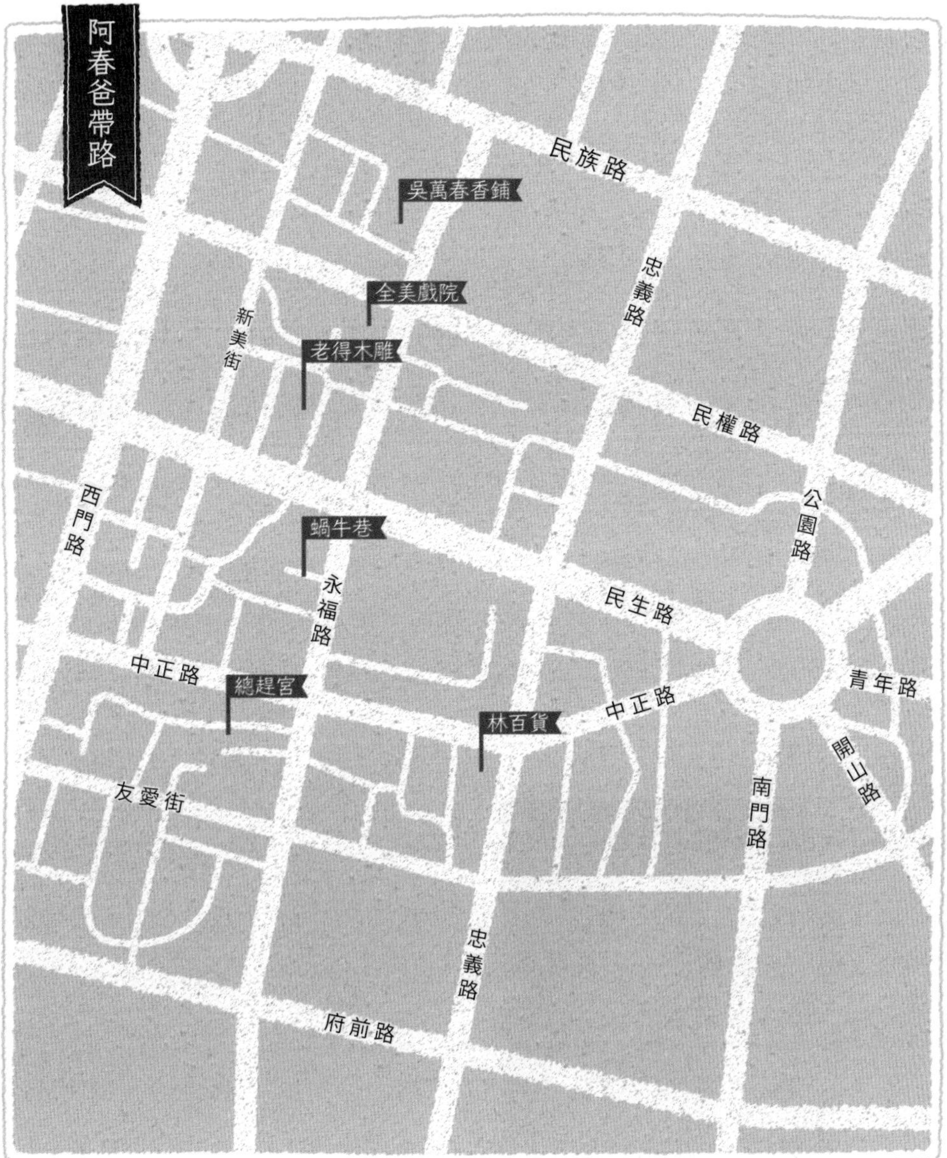
阿春爸帶路
吳萬春香鋪
全美戲院
老得木雕
蝸牛巷
總趕宮
林百貨
民族路
民權路
民生路
中正路
中正路
友愛街
府前路
忠義路
忠義路
新美街
西門路
永福路
公園路
青年路
開山路
南門路

小吃殺手帶您探訪五條港老市場

阿芳老師帶路

路線特色 人文美食的小旅行

蔡季芳，人稱阿芳老師，來自臺南的大家庭，嫁到北部後展開精彩的廚藝人生。在她的童年記憶中，林百貨是一棟陰暗的大樓，門口有一個修鞋攤；沒想到四年前，蒙塵許久的林百貨華麗轉身，竟然如此令人驚艷，因此，她想做一個與林百貨有關的活動，於是責無旁貸地策劃了「五條港老市場」這條走街路線。

踏查時，阿芳老師以左手的五根手指頭畫出五條港的地

圖，讓參與的朋友理解地形地勢。安海港、南河港、南勢港、佛頭港、新港墘港，攤開如五指，當時各港均有各姓分據地盤，各自也以原鄉信仰建立廟宇。

由阿芳老師帶路，武廟是探勘的中軸線，也是集合出發點。走過摸乳巷，踩街時，她會帶著朋友去看武廟，以及永福路、民權路的大井頭，談談小時候看著肉鬆推車在那裡翻車的印象，然後經過媽媽的娘家苑輝燈舖，和顧店的表哥、表弟打招呼，偶爾看他們還在畫燈具，她會讚美這才是臺南正港的文創！

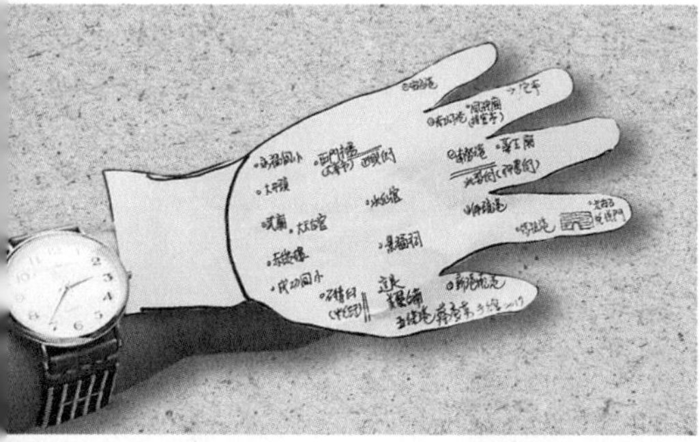

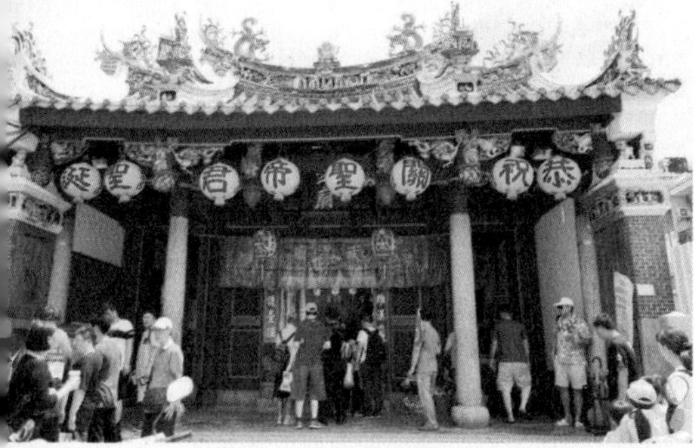

① 帶路人：阿芳老師。
② 阿芳老師手繪五條港走街路線。
③ 武廟，主祀關聖帝君，為鄭成功之子鄭經所建臺南四大廟之一。
④ 大天后宮，舊稱東寧天妃宮，為臺灣第一座官建媽祖廟。

②
③
④ ①

阿芳老師說，以前在小西門圓環的阿鐵炒鱔魚，都是在媽祖宮的住家門口殺鱔魚；她從小也看著阿憨鹹粥的阿公在那條巷子和旅客打招呼。藉著小旅行，她想讓更多人了解臺南人日常生活情感的部分。

穿越街市，一路介紹她從小到大熟悉的老店與職人工藝，最後到水仙宮市場。水仙宮市場前，有一個流動攤販阿法紅豆，是阿芳老師很難忘的。小時候，看著攤車玻璃櫃中的小小紅豆山，老闆舀起一勺，放在小美冰淇淋的餅殼上，那種滋味，是讓人垂涎三尺的記憶。

進入小吃天堂的國華街與水仙宮市場周邊，林立的小吃可讓人大快朵頤，她以二十年的在地人眼光，介紹媽媽們才知道的在地美味與特色經典攤位。因為處處是美食，讓人寸步難移，所以活動特別註明：「由於活動時間長，敬請衡量體力與肚子的容量。」最後在國華街的糖果店挑幾包很懷舊的柑仔糖或金平糖，把甜蜜的滋味帶回家。這真是一趟飽足的旅行。

②　①
③

① 從武廟到大天后宮的小巷弄。
② 國華街糖果店。
③ 國華街整條街美食林立，人潮絡繹不絕。

散步路線

武廟（集合出發）▼擇日巷（大天后宮旁算命巷）▼大天后宮▼大井頭▼國華街小吃▼水仙宮市場小吃▼風神廟▼藥王廟

國華街周邊知名小吃攤地圖

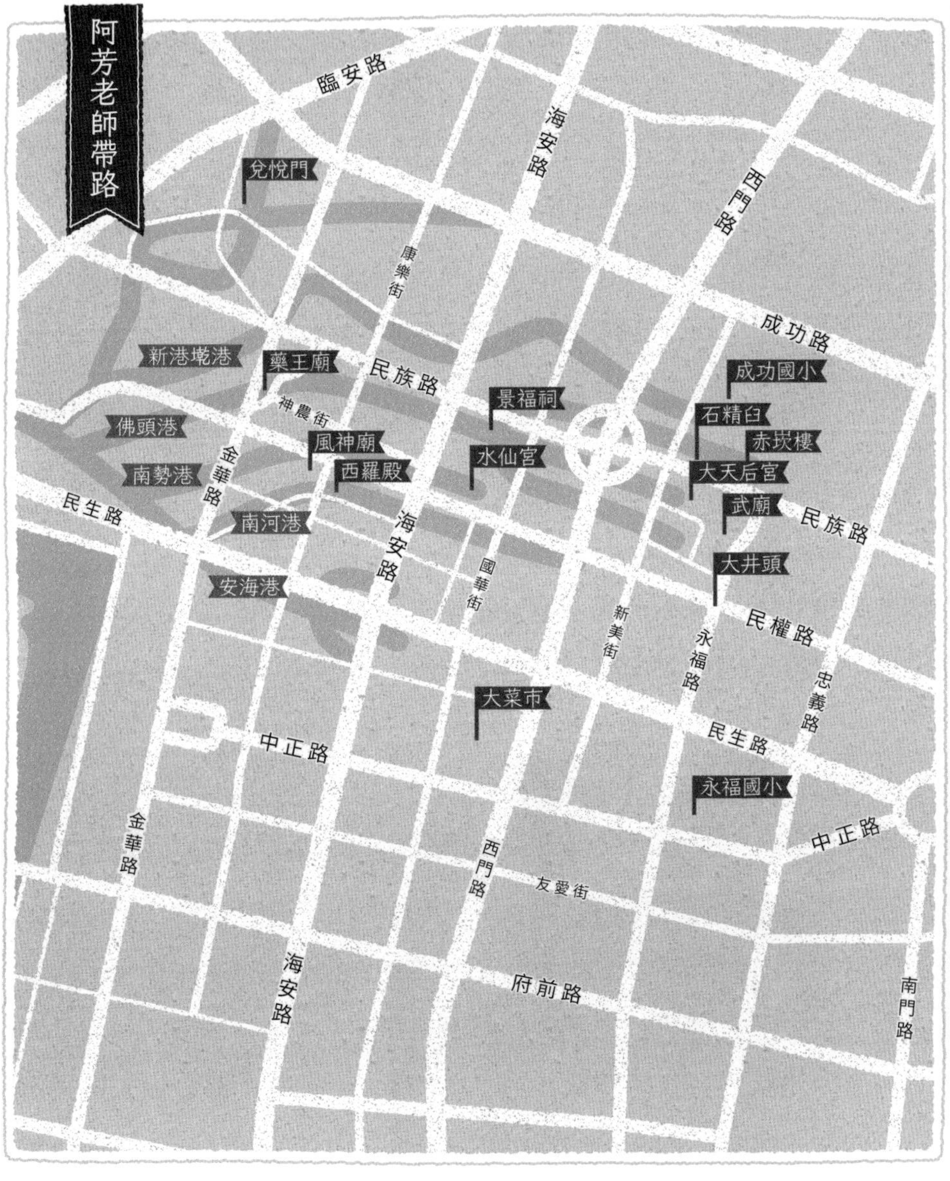
阿芳老師帶路
臨安路
海安路
西門路
兌悅門
康樂街
成功路
新港墘港
藥王廟
民族路
成功國小
景福祠
神農街
石精臼
佛頭港
風神廟
赤崁樓
水仙宮
南勢港
西羅殿
大天后宮
金華路
民生路
武廟
民族路
南河港
海安路
大井頭
國華街
安海港
新美街
民權路
永福路
忠義路
大菜市
民生路
中正路
永福國小
中正路
金華路
西門路
友愛街
府前路
海安路
南門路

漫步屎溝墘

蔡宗昇帶路

路線特色 港街文史的小旅行

蔡宗昇是土生土長的臺南人，曾經來往於各國都市，一九九三年鮭魚返鄉，決定回故鄉定居，盡享人文府城生活，覺得是無上幸福。

蔡宗昇的踩街路線，是以信義街和忠孝街為主軸。信義街以前是老古石街，忠孝街是媽祖樓街，老古石街上過去鋪的都是壓艙石，媽祖、老古石和壓艙石，都是航海貿易時代留下的生活證據。經濟與信仰造就五條港

帶路人：蔡宗昇老師。

兌悅門，俗稱咾咕石城門，是現今府城中唯一還在通行的城門。

的繁華，這兩條街交會在蔡宗昇出生、長大的地方——屎溝墘，所以，他希望透過小旅行的導覽，讓大家看到過去街道的歷史，以及信仰與經濟、社區生活結合的線索。

漫步屎溝墘的起點是兌悅門。兌悅門對著安平港的方向，城門由老古石堆疊而成，傳說當年五條港與安平港經濟較勁，當地居民便將兌悅門的城門做成弓身造型，以通往城門的老古石街為箭身，用石頭做一個射箭的箭頭，埋在門下，箭頭朝著安平的方向，藉此破壞安平港的地理風水；另外，再設一座石獅爺，用以坐鎮驅凶避邪。而安平地區的人也不遑多讓，架設石敢當把煞氣逼回去。傳說的真實與否，無法證實，倒是饒富茶餘飯後的趣味。

城門邊有一個「老古石街公議」界址碑，據說道光年間，地方公正人士在集福宮成立了一個評議機構，專門協調商務等各種糾紛，可見老古石街社區的評議歷史其來有自。

城牆邊還有一座「礪園」遺址，是林叔桓先生的別墅改建。林叔桓，人稱三舍，這座至今保留尚見完整的庭園，精緻的花瓶門、磨石子的旋轉樓梯、飲茶休閒的涼亭規模也俱在，亭上石柱浮雕富麗繁華，然而屋舍頹圮，雜物堆砌，繁華已過，徒留「礪園」二字，供人憑弔。蔡宗昇說，當時府城的阿舍（富豪俗稱）有錢到珍珠撒滿地，拿來當彈珠打，簡直不可思議！

踩街一行人經過筑馨居時，入內參觀一百多年的老店及骨董。筑馨居的屋頂上，有一座風獅爺，那是支持吳其錚安平風獅爺復育計畫時，安置的傳統信物。走到慕紅豆時，老闆唐大可會以好吃的紅豆湯招待走街的朋友。

從信義街左轉忠孝街，會看到一邊是媽祖樓，另一邊是崇福宮。蔡宗昇說，明清時期，明朝的護國神是玄天上帝，清朝則祭祀媽祖，所以宗教在這個方圓之地也是角力的場所，頗耐人尋味。媽祖樓有磨石子龍柱，以不同顏色的石頭，將龍身、龍頭造型表現得十分生動，造工也很精

老古石街公議界址碑。

百年老厝筑馨居。（方姿文 攝）

慕紅豆，隱藏在巷弄裡的紅磚老屋，專賣柴燒紅豆湯。

細，這種磨石子工法與林百貨的磨石子地磚、樓梯一樣，都是昭和時代最流行的建築工法。廟壁有一石碑，敘述道光年間的建廟過程，鳩資集財的紀錄鉅細靡遺，除了捐贈的名錄外，還有各項支出，包括有土地、木材、火炭、檳榔等等，檳榔是給建廟的師傅吃的。這樣縝密的紀錄，可見信徒們十分珍惜這一點一滴鳩集來的貲財。

在踏查旅行中，蔡宗昇也會以歷史典故分享有趣的諺語，比如當地人常說：「蔡抵蔡，神主牌仔損損破。」這是因為清代五條港碼頭的運貨生意，由各大姓氏的苦力各據一方勢力，蔡姓佔有「佛頭港」，到了嘉慶年間，蔡姓又分為兩大勢力，前埔蔡佔有港頭，大崙蔡則以港尾為地盤。久而久之，為了利益，兩派人馬常常對槓鬧糾紛，甚至大打出手，最後，打入庄頭把家中的「神主牌」都打破了。這句俗語，含有勉勵自家人不要為了蠅頭小利，罔顧血緣之親，惹人笑話之意。

土生土長的蔡宗昇說起許多文史故事，以及早期五條港地區的繁榮記憶，在懶懶蛇的腳步中，除了讓人感受正港臺南人慢遊府城的悠閒，也增長許多見聞。

散步路線

兌悅門（集合出發）▼老古石街▼中街▼看南埕街▼媽祖樓街▼賊仔市▼杉行街▼看西街▼神農街▼兌悅門（解散）

媽祖樓的牆面與龍柱。

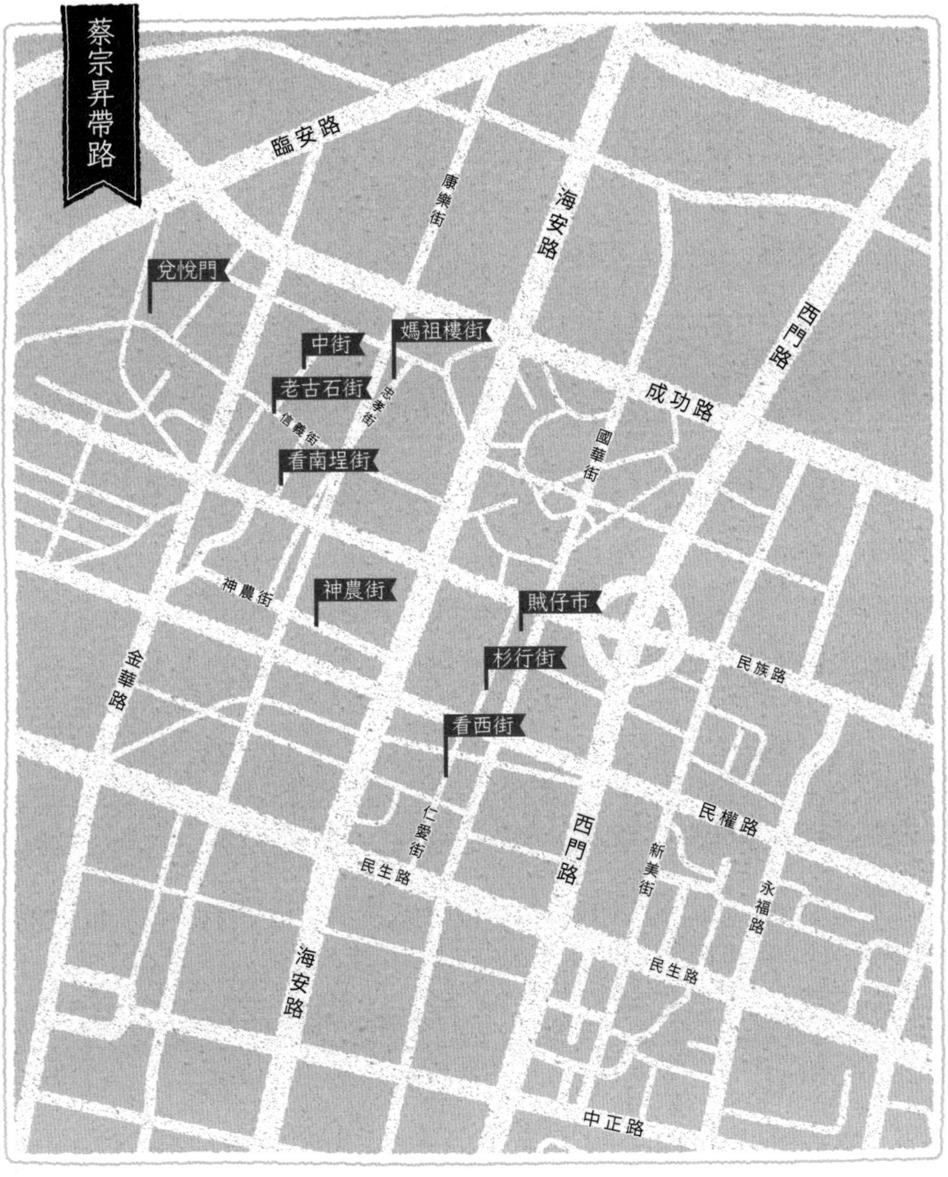
蔡宗昇帶路
臨安路
康樂街
海安路
西門路
兌悅門
媽祖樓街
中街
老古石街
忠孝街
信義街
看南埕街
成功路
國華街
神農街
神農街
賊仔市
杉行街
民族路
金華路
看西街
民權路
仁愛街
西門路
新美街
民生路
永福路
海安路
民生路
中正路

【附錄】

Mission impossible ——文創推手的故事

林百貨是全國最小的文創百貨公司，卻能創造令人驕傲的能量與榮譽，這樣的成績是如何做到的？祕密藏在細節裡，也藏在許多人的汗淚裡，林百貨團隊有一個美麗的後台，令人尊敬！

擺脫市場上巨人對撞

楊青峯董事長總是微笑地說著他的林百貨團隊，是天下掉下來的禮物：「他們努力的成果，讓我感到光榮！」臺南企業一直是根留臺灣的在地耕耘者，家族成員也以回饋鄉土的心意成立了臺南企業文化藝術基金會。決定經營林百貨之後，楊董充分授權，讓團隊去做自己的事，只要團隊努力的目標與公司發展的精神是一致的，那就可以了。楊董說：「做事業，大者恆大，與人死拚活鬥不是好的哲學，若能找到一個有差異性的點，好好經營特色，擺脫市場上與巨人對撞、平庸制約，就是一條很精彩的活路。」

楊董覺得在商場競爭中，難免落入「領先、落後」的無間戰場，若可以另外找到一個文化或生活的介面，是很好的事。尤其臺南企業長年就是以外銷為主，對於消費者在哪裡？與產品的互動怎樣？都是無緣觸及的。但是，在林百貨賣場，卻可以看到消費者的反應，辦活動時也看到人潮在眼前歡喜互動，那是很有溫度的。所以，認清企業的態勢，在黃樹林分岔的兩條路，選擇人煙稀少的那一條，好好經營，可以讓一切顯得多麼不同！

林百貨，不求強，不求大，只求在地搏感情，這是很有福氣的選擇！在臺南可以做一點事，並且樂在其中，這就是林百貨的溫度。

深夜十一點，她和他的踱步

在沒有其他競投者的情況下，高青時尚取得林百貨十年經營權，這四年來，這個團隊由陳慧姝帶領，走出很獨特的經營模式。陳慧姝說：「一開始的時候，

高青時尚董事長楊青峯笑著說：我們擺脫市場上與巨人對撞，找出一條有特色的路。

沒想過要賺多少錢，當時就覺得，既然做為臺南的企業，就要回饋在地，全心全意去做就是了。」

再開幕之前，九位顧問與陳慧姝每個月有兩週的星期日晚上，從七點到凌晨一點，不眠不休地腦力激盪，一起討論經營策略。陳慧姝說：「從幾位文化界前輩的討論談話中，我終究一點一滴明白臺南過去的底蘊，開始了解臺南的歷史。」

籌備過程中，有許多的辛苦，不足為外人道。當時，為了空間的配置，設計師與經營團隊難免各有堅持，陳慧姝說：「有一次，深夜十一點了，我與劉國滄設計師兩人還待在林百貨偌大的空間裡，為彼此的理念溝通。」他們各自秉持完美而有所堅持，「這樣做，對嗎？」、「還有修改的空間嗎？」這樣的對話，互相問了又問！劉國滄走在館內，陳慧姝走在林百貨走廊；陳慧姝走在館內，劉國滄踱步在外頭，他們嘗試更換不同的角度去揣摩對方看到的視野。難以想像，深夜裡那個各自踱步的畫面：尚未開幕、空蕩蕩的林百貨，只有兩人走來踅去的腳步聲，以及無言的思慮。是這樣的完美堅持，催生著一個有歷史定位的百貨公司！

另一個十一點的深夜食堂

林百貨的招商從無到有，是一段摸索前行的路。為了招商，團隊也是十足吃盡苦頭。鄧暐是打先鋒戰的功臣，他說：「回想當時，我佇足在臺灣文學館前，望著湯德章公園內的鳳凰木，川流的車潮引領我回到剛畢業那年站在臺北街頭的畫面，那時的夢想，只是單純地想要有一份工作能養活自己，時光飛逝二十年，我自問：站在臺南街頭的我，還有多少勇氣去追尋夢想？我選擇了讓自己勇敢把握一次機會，無論成功或失敗，林百貨的經驗，的確是千載難逢的歷練與收穫。」

無所畏縮的團隊，時常為了一個招商的機會廢寢忘食，有時深夜三、四點，廠商一通電話，他們就要強迫自己瞬間轉醒，摩拳擦掌大談商機。負責招商的楊翰林和林佳澐都記得，有一天深夜十一點了，還與陳總坐在府中街日式料理店的攤位，等待店家下工後，商談合作的可能。那一天，陳慧姝的行程是下午五點到晚上九點，在「奉茶」勸說老茶店加入林百貨；然後，九點在日式料理店等待至深夜十一點。那夜是否星光晶亮？也許他們都忘了，因為在那個使命必達的籌備階段，只能用時間換來點點滴滴的成果。

一切遵循兩個字：做好！

陳慧姝的領導，就像南極英雄沙克爾頓（Sir Ernest Shackleton）一樣，往往從直覺出發，但是，能以可貴的直覺找到成功之路，背後必須有多年的經驗累積與職場涵養。比如說：蕾絲與刺繡做成的鳳凰花意象，就是來自於女性直覺的審美選擇。這個鳳凰花蕾絲製作的過程繁複，價錢亦不斐，但是，她仍然堅持百分百的美好，去做就是了。事實證明，她是對的，蕾絲鳳凰花的高貴質感，讓林百貨就像打開的珠寶盒一樣，讓人驚艷！

當然，團隊們已經很熟悉陳慧姝的口頭禪：「這……袂通喔！」曾芃茵說：「陳總就是大大小小、細節擺設，都一定要到位的完美主義者。」直覺告訴她：不對！然後，她會沉澱，找出方法，讓眉眉角角都調整到位。林百貨每天的開店、閉店音樂，是陳慧姝親自在風潮音樂的錄音室中拍板定案的；林包子、林錢包、舊來發椪餅，是她不斷修正細節後才誕生的自營商品。

開幕前，她親自去看臺北市花博的展場，決定了林百貨應該要有購物袋的服務，所以，請合成帆布著手製作購物袋。但是，柿赭的底色無論經過多少次的比對都不能顯現標準色，於是，陳慧姝決定自己去工廠！那一天，她蹲在印染工廠千試萬試，終於找到林百貨要的標準色。經過在染色工廠裡一天的苦熬，隨行的年輕同事受不了刺鼻的染劑味，還暈倒送醫呢！想想是怎樣的堅持與毅力，讓陳慧姝挺下每一個戰場的挑戰呢？只要她專注一件事，全部的員工便上緊發條，芃茵說：「一切的成果，就是從陳總的 push 開始！」

二〇一六年林百貨在香港獲得亞洲最具影響力設計獎時，在備受禮遇的殊榮中，陳慧姝問自己：「我真的有到這個程度，可以領這個獎嗎？」她認為，每天就是做自己分內應該做好的事，讓一切遵循兩個字：「做好！」如此而已。花若芬芳蝶自來，女人的直覺就這樣帶來一切美麗！

再走一次，說不定就願意跟我們合作了！

林百貨團隊有一個堅定的信念，就是用熱誠與耐心，感動每一位合作的夥伴與訪客。許多老店的支持，是林百貨成功的第一步。只是這些百年老店的身段，通常就像臺南人說的：不求做大、只求做好，因此，剛開始招商時，面對林百貨的邀請總是無可無不可，讓招商團隊坐了許久的冷板凳。每當佳憓、翰林面對拒絕時，陳慧姝就一而再、再而三鼓勵團隊：「不要放棄，再走一次，也許就可以感動這些老店，然後願意跟我們合作了！」

早期，林百貨尚未打響名號，大多數店家對於與林百貨合作還在遲疑不前時，團隊總是不會因此絕望或放棄。翰林和佳憓說：「我們最喜歡約廠商來林百貨談，這棟建築是會讓人感動的。」曾有加入招商行列的店家說：「林百貨團隊是很特別的，他們講起林百貨時，眼睛是發亮的！」

那夜，他們都哭了！

背負著古蹟經營百貨的任務，林百貨是眾人所期待的，但同時，這些期待也是每個員工戰戰兢兢的壓力。二〇一四年林百貨再開幕時，沒有人知道再度掀起蓋頭來的林百貨是什麼光景？林百貨團隊就像在暗夜或幽谷中摸黑前進一般，彼此手牽著手，朝有光的地方走去。期許的眼神，讓林百貨團隊如履薄冰；嚴格監督的評論，也讓他們警戒十分。就以空間修繕來說，設計師與施工單位無數次的溝通與衝突，消防安檢的繁複公文無法順利通關，都讓負責修繕管理的王惠卿心中經歷無數次的冰山水火。

惠卿說，她永遠記得消防檢查那一天，由於公家的要求，要實地打開消防設備做驗收，當時各樓層的產品、櫥櫃都已安置妥當，怎能打開滅火器任泡沫噴灑泛流呢？但是，林百貨是守法經營的，於是她只能在最短時間內用塑膠布鋪蓋館內所有櫥櫃，然後在公安檢查的專員面前，打開消防設施，來一次實地噴灑，「然後，幾萬元的設備就瞬間用完了！」經過千難萬難的送件、折衝、修改、驗收，終於在六月十四日再開幕的前一天，使用許可證核發下來了。六月十三日拿到許可證那天，她忍不住在辦公室嚎啕大哭！那崩潰的淚水背後，是無限承擔的壓力與責任感啊！

二〇一四年，再開幕的大遊行在臺南市掀起萬人空巷的狂潮，搶先進入林百貨一窺究竟的貴賓及民眾擠得水洩不通，在舞台上主持活動的我，看著團隊每個人不斷奔走、調度，忙碌而緊張的氣氛，是台下熱情鼓掌的觀眾無法想像的。從早上，到黃昏、夜晚，精彩的遊行與舞台的演出，揭開林百貨再開幕的光榮里程碑。當最後一位表演者走下舞台，激情的人潮漸漸散去，館內鄧雨賢的〈跳舞年代〉慢慢地滑著狐步的旋律，婉轉地送走一個個驚喜的訪客，萬頭攢動的展館漸漸步入最後的晚安曲……。當團隊以微笑送走了每一位打氣、驚艷、鼓勵的朋友，這一天、這一晚結束了，在關起大門的那一瞬間，他們或相擁、或獨處，各自在林百貨的不同角落，哭了！

其實，這個團隊對外表現亮眼，關起辦公室大門，卻是很愛哭的一群。家豪說：「我不哭，就不知道怎麼宣洩！」所以，每一次誰哭了，就有另一人的肩膀與擁抱即時送暖，這是團隊的默契與守則。

光講沒用，數字反應一切

林百貨目前含招商、自營共有三百多個品牌，負責業務的人員只有三個人，從合約、選品、設櫃、上架，每個品項單一來看是很簡單的SOP，但是，當它乘以三百時，就是很多很多的工作量，因此，準確與績效是不可或缺的職場訓練。

林百貨團隊很可貴的是，他們是從百貨公司走過來的團隊，以過去經營百貨公司的企業概念來經營古蹟，必須對董事會負責，有一定的績效要求。負責企劃的曾芃茵說：「營運是在預期的成效裡展開的，開發多少商品？與哪些單位合作？這些在每年年初都已經有了提案，林百貨是用企業的角度經營古蹟的。」這也是芃茵覺得在林百貨團隊學習最多的課題，在這個SOP流程中，是要講究效能和獲益的，團隊不僅對董事會有承諾與責任，對於承諾的實踐準確度也是很要求的。

芃茵說：「我從董事會中學到一個真理：數字最真實！數字就是期末考的成績單！董事會強調：踏實！光講沒用，數字反應一切。」所以，團隊會用很踏實的腳步去做，然後交出一張扎實的成績單。

陳慧姝也時常勉勵團隊，以消費者的角度去思考一切營運的措施。四年來，交出亮眼成績單之後，董事會更以階梯式的進程告訴團隊：「林百貨的能量不只如此！」期望團隊打破框架思考，跳出建築體的框限，繼續思考林百貨還能做什麼？未來如何複製林百貨的精神，以臺南為品牌，讓世界看見臺南。

整個林百貨就是我的小巨蛋

負責招商的翰林和佳潓，在歷經無數商家的拒絕困境時，他們總說：「不要去想人家拒絕你的，要想人家認同你的。」因此，反而能越挫越勇，尋找許多商家的品牌故事，並將這些故事與能量帶到林百貨來。團隊成軍至今，離職率不高，甚至人人以林百貨為榮，主要的原因就是對於林百貨的熱情。陳慧姝常勉勵他們一本初衷，勇往直前，萬一被拒絕，就再找下一個方法，因此，他們總是樂觀的陽光因子。

家豪記得剛進團隊時，林百貨尚未開幕，他的第一份工作是：將地板上油漆過後的汙漬清理乾淨。像清潔工一樣的工作，也許人人喊苦，他卻能做得悠哉。有一天，鄧暐經理帶外賓來勘查場地，只見空蕩蕩的林百貨裡，只有家豪一個人戴著耳機，一邊清理汙漬，一邊大聲唱歌，樂在其中的他甚至沒有覺察外人走進來。家裡的少爺，成為林百貨的樓面管理員之後，大事小事都要做，家豪將角色轉換得很得體，他說：「偌大的林百貨只剩我一個人，那時，林百貨就是我的小巨蛋，讓我放懷歌唱！」

隨時準備離家出走

各樓層的庶務主管是怡妏，每天，她從高雄搭火車來上班，上午十點前到館內，最後一班火車回高雄，時間是晚上十二點。她總是帶著一個便當上班，一如當年林方一的妻子林とし，搭三輪車提著便當來林百貨工作。

除了便當，她還會戴一朵花在頭上，那是她的icon。說起戴花，每個人都會好奇怡妏與花的故事。怡妏從小是個很內向的人，沒有因為任何特質被別人記住，讀專科時，她買了一件造型奇異的新衣，穿去上街，那次的經驗讓她勇敢地走出自己。進入職場後，有一天她想：「如果我把花戴到頭上去，是不是會發生很多美妙的事？」從那天開始，她每天都戴了一朵花。花是花，卻似花非花，她的花，不住於相，很《金剛經》。

在樓管的工作裡，最讓怡妏痛苦的就是遇到颱風天，尤其是決定要不要休館這件事，而更讓她痛苦的是：萬一火車停駛了，她就無法在颱風天和同事一起上班。「我無法看著他們平安與否，那份心焦，比什麼都難過！」所以，現在她隨時準備一套換洗衣物和盥洗用具在辦公室，只要颱風天，她就在臺南住下來。「這樣可以確保我和同事們一起奮鬥，反正，隨時準備離家出走的概念就是了！」她笑著說。

怡妏與同事間彼此打氣，也彼此學習。記得有一次，怡妏請求年紀小她二十歲的家豪在下班前幫忙處理關電源的工作，家豪當下問她：「關電源這件事情，我們能做，為什麼女生就不能做？尤其你是主管，更應該會做。所以，我可以教你，你應該自己來；如果你不懂，可以問我，我隨時會接你電話。」從這件事，怡妏領悟到年輕世代的職場觀念是不會允許特權與性別差異的。「無論是位階或性別意識，我必須更具有職場專業，或更有能力的狀態下，才能成為一個主管。相對來說，當我成為一個主管，我所領導的下屬也不可以拿年輕來當作藉口，他們今天要領這份薪水，不能把『不會』視作理所當然。在其位謀其事，什麼該懂的都要懂，什麼該會的都要會！」怡妏說。

你再講一次！

四年下來，這個團隊已經養成十足的默契。下大雨，五樓淹水了，現場員工放下所有事情，換上拖鞋、雨衣，拿起掃把，就衝到頂樓處理危機。風大雨大淋得一身濕，芃茵說：「辦公室都很貼心地準備吹風機喔！」只要颱風來了，誰該買膠帶，誰該去貼門窗，不用叮嚀什麼，因為他們把林百貨當作自己的家一樣。

有時，難免會遇到不愉快的事，他們就直心直性地在辦公室溝通，所以，大聲地質問：「你再講一次！」的勁爆場面，已經不是稀奇的事了！但是他們也都有默契，在辦公室裡反映溝通可以有情緒，一旦出了辦公室的門，如何應對、如何處理危機，都要是成熟的。芃茵強調：「出了辦公室的大門，就是要拿出專業！」怡妏說：「我始終覺得，再糟的事今天一定會結束，這些人與事只是過客，我無須把自己一天裡美好的感覺被不好的人事干擾！」所以，他們可以理性溝通、感性擁抱。

負責賣場的佩君，累積多年的行銷經驗，成為賣場櫃哥櫃姐的榜樣。佩君的個性活潑，她教導賣場的年輕同事要主動、要微笑，並且把顧客當做朋友，學習和客人談天，因此，只要佩君大姐出場，業績一定直線上升，簡直是銷售神人。佩君笑著說：「我沒祕訣啦，我只是發自內心很喜歡這份工作。」

負責行銷企劃的建禎說：「我們永遠準備好如何應付未來要發生的事，在這裡工作，很能發現自我潛能。企劃出來的提案通過了、被執行，是很有成就感的。」佳潓、翰林很肯定地說：「招商是最容易有成就感的行業。」惠卿在管理與聯繫的過程中讓自己更堅強；怡妏說：「工作上的默契是我四年來最大的成就，可以跟這群夥伴一起工作，是很愉快的事。」

當家豪說：「我喜歡跟你們一起工作！」芃茵捧著心窩、笑著調侃他：「好感動喔！」其實，那是真的，他們都因為喜歡這份工作，扮演著職業超人的角色。

遇到你，我至今未曾後悔

陳慧姝常跟朋友說：「我至今未曾後悔，因為生命中有了林百貨！」現在的她，走在臺南街上，五、六月了，會關心鳳凰花開了沒？鳳凰花開起來很燦爛、很溫暖、很明亮的感覺，花蕊開啟的豐盛感，讓人覺得生命很飽滿。「我們是苦幹實幹的，無法天花亂墜講什麼感人的話，但是，我確實很感動。」她說。

這一個神奇的團隊，擁抱過、熱血過、流淚過、歡笑過，他們最大的動力是：彼此都相愛。四年來的歷程，化為最誠摯的話語：

秉持良善的初衷，勇往直前！讓世界看見臺南，讓世界看見臺灣！

——陳慧姝（總經理）

與林百貨相遇，是一幕幕最美的光影，專屬於你，並珍藏於我，謝謝林百貨。

——鄧暐（專案經理）

屬於臺南人回憶的林百貨，再生後為當代城市文化櫥窗。舊與新的交會力量，正是林百貨迷人之處。

——曾芃茵（企劃副理）

林百貨就像一頂皇冠，蜿蜒在時間的河流上，時而低吟，終究璀璨。

——陳怡妏（營業部副理）

林下風範是你優雅的形象，百折不撓是你剛毅的敘述，貨真價實是你苛求的精神，真心實意是你誠心的態度，美益求美是你完美的表現。

——楊翰林（營業部）

白天的你沉靜內斂，晚上的你熱情耀眼，閃耀的光芒承載著過去的歷史，引領我們走入近代的創新。我們因為努力讓你被世人看見，因為世人看見而知道我們的努力，感謝有你！

——王惠卿（管理部）

林百貨的美與歷史，透過我們用心的愛護與敘述，將成為永不褪色、歷久彌新的感動。

——林佳漶（營業部）

堅持，從來不是容易的事，老店的堅持，老師傅的堅持，臺南人的堅持，更難的，是把所有人的堅持連結起來。林百貨，你做到了，林好棒。

——洪嫚憶（自營部）

林百貨團隊，是林百貨風華再現的幕後英雄。

在不停流逝的時光裡，亙古不變的是你蘊藏的歷史痕跡，繼續綻放那獨一無二的美麗。

——江家豪（營業部）

很喜歡也驕傲能在林百貨工作，未來希望能讓大家看到更多不同風貌的林百貨。

——黃建禎（營業部）

從impossible到possible

人生舞台，有高亮照眼時，也有隱暗沉寂處，在每一場演出的背後，是無數幕後英雄推力而成，這些可敬的後台英雄，選擇一個位置，以生命的教養與人生態度，加上職場的訓練，讓行事的分寸拿捏得宜，而且有愛。他們不求掌聲的付出，彼此建立深厚的感情，林百貨之大美，由此呈現。

記錄這些人、這些事，我很想說的是：林百貨團隊，你們是Mission impossible的推手，是可敬的力量！

參考書目

1 周菊香，《府城今昔》，臺南：臺南市政府，1993 年。

2 傅朝卿，《台南市日據時期歷史性建築》，臺南：臺南市政府，1995 年 1 月。

3 徐裕健計畫主持，《市定古蹟原林百貨店調查研究與修復計畫》，徐裕健建築師事務所製作，台鹽實業股份有限公司委託，2001 年 4 月。

4 傅朝卿，《圖說台灣建築文化遺產：日治時期篇（1895-1945）》，臺南：台灣建築與文化資產出版社，2009 年 5 月。

5 黃建龍，《葉石濤的府城文學地圖調查報告》，財團法人國家文化藝術基金會贊助，2003 年 1 月。

6 《長河落日圓：台南運河八十週年特展圖錄》，臺南：臺南市文化資產保護協會，2006 年 11 月。

7 張瑟瑟，《琴蘊音緣：臺灣第一代鋼琴家張晶晶》，臺南：臺南市政府文化局，2013 年 3 月。

8 陳秀琍主編、姚嵐齡協撰，《林百貨：臺南銀座摩登五棧樓》，臺北：前衛出版社，2015 年 12 月。

國家圖書館出版品預行編目（CIP）資料

熱戀林百貨・熱戀臺南：以「林」為圓心，最有溫度的府城時光漫步／王美霞著 . – 初版 . --
臺北市：遠流 , 2018.08
面； 公分 . --（綠蠹魚叢書；YLNA50）
ISBN 978-957-32-8333-1（平裝）
1. 人文地理 2. 百貨商店 3. 臺南市
733.9 /127.4 107011287

綠蠹魚叢書 YLNA50

熱戀林百貨・熱戀臺南

以林為圓心，
最有溫度的府城時光漫步

作者 王美霞
攝影 劉登和
圖片提供 高青時尚
影片製作 經濟部中小企業處（頁 34-37）
地圖繪製 陳采瑩

資深主編 鄭祥琳
校對協力 曾芃茵
美術設計 陳采瑩
行銷企劃 盧珮如
出版一部總編輯暨總監 王明雪

發行人 王榮文
出版發行 遠流出版事業股份有限公司
地址 臺北市南昌路二段 81 號 6 樓
電話 (02) 2392-6899
傳真 (02) 2392-6658
郵撥 0189456-1

著作權顧問 蕭雄淋律師
2018 年 8 月 1 日 初版一刷
定價 新台幣 380 元（缺頁或破損的書・請寄回更換）

ISBN 978-957-32-8333-1

YLib.com 遠流博識網
http://www.ylib.com E-mail: ylib@ylib.com